国家卫生健康委员会"十四五"规划教材

全国高等职业教育药品类专业第四轮规划教材

供药学、药品经营与管理、药物制剂技术、生物制药技术、

化学制药技术、中药制药专业用

药品营销心理学

第 4 版

主 编 李洪华

副主编 卫军锋 周立超

编 者（以姓氏笔画为序）

卫军锋（山西药科职业学院）　　　　李洪华（重庆医药高等专科学校）

马梅滋（齐鲁医药学院）　　　　　　周立超（黑龙江护理高等专科学校）

方　正（南阳医学高等专科学校）　　钟兴泉（重庆三峡医药高等专科学校）

刘　锐（重庆医药高等专科学校）　　夏　冬（辽宁医药职业学院）

人民卫生出版社

·北 京·

版权所有，侵权必究！

图书在版编目（CIP）数据

药品营销心理学 / 李洪华主编 . -- 4 版 . -- 北京 ：
人民卫生出版社，2025. 8. --（全国高等职业教育药品
类专业第四轮规划教材）. -- ISBN 978-7-117-37863-5

Ⅰ. F713. 55

中国国家版本馆 CIP 数据核字第 2025B1K037 号

人卫智网	www.ipmph.com	医学教育、学术、考试、健康，购书智慧智能综合服务平台
人卫官网	www.pmph.com	人卫官方资讯发布平台

药品营销心理学
Yaopin Yingxiao Xinlixue
第 4 版

主　　编：李洪华
出版发行：人民卫生出版社（中继线 010-59780011）
地　　址：北京市朝阳区潘家园南里 19 号
邮　　编：100021
E - mail：pmph @ pmph.com
购书热线：010-59787592　010-59787584　010-65264830
印　　刷：人卫印务（北京）有限公司
经　　销：新华书店
开　　本：850 × 1168　1/16　　印张：9
字　　数：212 千字
版　　次：2009 年 1 月第 1 版　　2025 年 8 月第 4 版
印　　次：2025 年 8 月第 1 次印刷
标准书号：ISBN 978-7-117-37863-5
定　　价：45.00 元
打击盗版举报电话：010-59787491　E-mail：WQ @ pmph.com
质量问题联系电话：010-59787234　E-mail：zhiliang @ pmph.com
数字融合服务电话：4001118166　E-mail：zengzhi @ pmph.com

出版说明

近年来,我国职业教育在国家的高度重视和大力推动下已经进入高质量发展新阶段。从党的十八大报告强调"加快发展现代职业教育",到党的十九大报告强调"完善职业教育和培训体系,深化产教融合、校企合作",再到党的二十大报告强调"统筹职业教育、高等教育、继续教育协同创新,推进职普融通、产教融合、科教融汇,优化职业教育类型定位",这一系列重要论述不仅是对职业教育发展路径的精准把握,更是对构建中国特色现代职业教育体系、服务国家发展战略、促进经济社会高质量发展的全面部署,也为我们指明了新时代职业教育改革发展的方向和路径。

为全面贯彻国家教育方针,将现代职业教育发展理念融入教材建设全过程,人民卫生出版社经过广泛调研论证,启动了全国高等职业教育药品类专业第四轮规划教材的修订出版工作。

本套规划教材首版于2009年,分别于2013年、2017年修订出版了第二轮、第三轮规划教材。本套教材在建设之初,根据行业标准和教育目标,制定了统一的指导性教学计划和教学大纲,规范了药品类专业的教学内容。这套规划教材不仅为高等职业教育药品类专业的学生提供了系统的理论知识,还帮助他们建立了扎实的专业技能基础。这套教材的不断修订完善,是我国职业教育体系不断完善和进步的一个缩影,对于我国高素质药品类专业技术技能型人才的培养起到了重要的推动作用。同时,本套教材也取得了诸多成绩,其中《基础化学》(第3版)、《天然药物学》(第3版)、《中药制剂技术》(第3版)等多本教材入选了"十四五"职业教育国家规划教材,《药物制剂技术》(第3版)荣获了首届全国教材建设奖一等奖,《药物分析》(第3版)荣获了首届全国教材建设奖二等奖。

第四轮规划教材主要依据教育部相关文件精神和职业教育教学实际需求,调整充实了教材品种,涵盖了药品类相关专业群的主要课程。全套教材为国家卫生健康委员会"十四五"规划教材,是"十四五"时期人民卫生出版社重点教材建设项目。本轮教材继续秉承"大力培养大国工匠、能工巧匠、高技能人才"的职教理念,结合国内药学类专业领域教育教学发展趋势,科学合理推进规划教材体系改革,重点突出如下特点:

1. 坚持立德树人,融入课程思政 高职院校人才培养事关大国工匠养成,事关实体经济发展,事关制造强国建设,要确保党的事业后继有人,必须把立德树人作为中心环节。本轮教材修订注重深入挖掘各门课程中蕴含的课程思政元素,通过实践案例、知识链接等内容,润物细无声地将思想政治工作贯穿教育教学全过程,使学生在掌握专业知识与技能的同时,树立起正确的世界观、人生观、价值观,增强社会责任感,坚定服务人民健康事业的理想信念。

2. 对接岗位需求,优化教材内容 根据各专业对应从业岗位的任职标准,优化教材内容,避免重要知识点的遗漏和不必要的交叉重复,保证教学内容的设计与职业标准精准对接,学校的人才培养与企业的岗位需求精准对接。根据岗位技能要求设计教学内容,增加实践教学内容的比重,设计贴近企业实际生产、管理、服务流程的实验、实训项目,提高学生的实践能力和解决问题的能力;部分教材采用基于工作过程的模块化结构,模拟真实工作场景,让学生在实践中学习和运用知识,提高实际操作能力。

3. **知识技能并重,实现课证融通** 本轮教材在编写队伍组建上,特别邀请了一大批具有丰富实践经验的行业专家,与从全国高职院校中遴选出的优秀师资共同合作编写,使教材内容紧密围绕岗位所需的知识、技能和素养要求展开。在教材内容设计方面,充分考虑职业资格证书的考试内容和要求,将相关知识点和技能点融入教材中,使学生在学习过程中能够掌握与岗位实际紧密相关的知识和技能,帮助学生在完成学业的同时获得相应的职业资格证书,使教材既可作为学历教育的教科书,又能作为岗位证书的培训用书。

4. **完善教材体系,优化编写模式** 本轮教材通过搭建主干知识、实验实训、数字资源的"教学立交桥",充分体现了现代高等职业教育的发展理念。强化"理实一体"的编写方式,并多配图表,让知识更加形象直观,便于教师讲授与学生理解。并通过丰富的栏目确保学生能够循序渐进地理解和掌握知识,如用"导学情景"引入概念,用"案例分析"结合实践,用"课堂活动"启发思考,用"知识链接"开阔视野,用"点滴积累"巩固考点,大大增加了教材的可读性。

5. **推进纸数融合,打造新形态精品教材** 为了适应新的教学模式的需要,通过在纸质教材中添加二维码的方式,融合多媒体元素,构建数字化平台,注重教材更新与迭代,将"线上""线下"教学有机融合,使学生能够随时随地进行扫码学习、在线测试、观看实验演示等,增强学习的互动性和趣味性,使抽象知识直观化、生动化,提高可理解性和学习效率。通过建设多元化学习路径,不断提升教材的质量和教学效果,为培养高素质技能型人才提供有力支持。

本套教材的编写过程中,全体编者以高度负责、严谨认真的态度为教材的编写工作付出了诸多心血,各参编院校为编写工作的顺利开展给予了大力支持,从而使本套教材得以高质量如期出版,在此对相关单位和各位专家表示诚挚的感谢! 教材出版后,各位教师、学生在使用过程中,如发现问题请反馈给我们(发消息给"人卫药学"公众号),以便及时更正和修订完善。

人民卫生出版社
2024 年 11 月

前 言

本教材根据《中华人民共和国职业教育法》(2022 年修订)的相关规定,全面贯彻党的二十大精神,落实课程思政融入教材的要求,坚持立德树人的根本任务,立足新发展阶段对药品类专业技术人员的需求,坚持以培养高素质技能型人才为核心,坚持以就业为导向、以技能为本位、以学生为主体的指导思想原则。教材的知识结构体系体现高职高专特色,体现以人为本,注重培养符合市场需要的实用型药品营销人员。

在这一轮的教材中,我们对原有栏目"点滴积累""课堂活动""案例分析""知识链接""目标检测"等模块进行了系统优化,突出培养学生分析问题和解决问题的能力,增强了学生学习的目的性、自觉性及教材内容的可读性、趣味性,激发学生学习的主动性。同时我们也增加了一些富媒体内容,优化了同步课件、同步练习,提高了学习质量。为了更好地将理论教学与实践教学紧密联系,我们在每章末安排了实训教学的内容,供各院校在教学中选用。

本教材共分八章,李洪华担任主编,卫军锋、周立超担任副主编,各章编写人员具体分工如下(按章节先后顺序排列):第一章由李洪华编写;第二章由周立超编写;第三章由刘锐编写;第四章由卫军锋编写;第五章由李洪华编写;第六章由方正和马梅滋共同编写;第七章由夏冬编写;第八章由钟兴泉编写。

鉴于编者的学识水平和所获得的信息有限,教材内容难免存在不足和疏漏之处,敬请读者和广大同行批评指正,不吝赐教,以便再版时纠正和补充。

本书编写过程中,得到了各位编者所在院校及有关专家的大力支持帮助,在此致以衷心感谢,并对本教材前 3 版的编著者及所引用文献资料的原作者深表谢意。在此一并向所有帮助、关注和支持本教材出版的工作人员表示衷心的感谢!

编 者
2025 年 3 月

目　录

第一章　绪论

学习目标

1. **掌握**　药品营销心理学的研究对象与研究内容、研究原则与研究方法。
2. **熟悉**　药品营销心理学研究的应用与意义。
3. **了解**　药品营销心理学的发展过程与理论来源。

导学情景

情景描述：

　　张某因感冒到药店购买药品,共计98元。结账时,他注意到收银台旁的告示牌写着:"满99元享9折优惠",于是询问店员自己是否可以直接享受折扣,或者有没有适合凑单的产品推荐。店员微笑着向张某解释促销规则,并仔细询问他的症状,发现他有喉咙不适的症状,便推荐了一款3元的润喉糖,不仅可以缓解咽喉不适,还能让他符合折扣条件。张某觉得建议合理,欣然接受,最终以90.9元的折后价格购买了感冒药和润喉糖。结账后,店员还贴心地提醒他按时服药、多喝水,并祝他早日康复。张某对此次购物体验非常满意,对店员的耐心与专业表示感谢。

学前导语：

　　在上述案例中,店员不仅帮助顾客享受优惠,还根据其需求推荐合适的药品,提升了购物体验,同时促进了药店的销售。药品营销不仅关乎药品销售,还深刻影响消费者的心理认知和购买决策。本章主要讲述药品营销心理学的研究对象与内容、研究原则与方法。

第一节　药品营销心理学概述

一、药品营销心理学的发展概况

　　药品营销心理学作为一个跨学科领域,旨在理解和影响消费者的药品购买和使用行为。

(一)起源与早期发展

　　药品营销心理学的起源可以追溯到20世纪初期,当时心理学家和市场营销专家开始关注消费者行为。早期的研究主要集中在广告效果和品牌选择上。20世纪中期,随着市场营销理论的发展,医药企业开始重视消费者的心理和行为。心理学家开始研究药品广告对消费者态度和购买决策的影响,早期的研究方法包括实验研究和问卷调查。

(二) 学科整合与理论发展

在 20 世纪 70 年代和 80 年代，药品营销心理学逐渐成为一个独立的研究领域，结合了行为科学、市场营销学、医学、药学的理论和方法。研究者开始关注更加细致的消费者行为模式，如购买动机、决策过程和品牌忠诚度。研究消费者对药品的态度以及这些态度如何影响他们的购买行为。分析消费者在选择药品时的决策过程，包括信息搜集、评估替代品和最终选择。研究社会环境、文化背景和社会规范对药品消费的影响。

(三) 技术进步与方法创新

随着信息技术的发展，药品营销心理学进入了一个新的阶段。大数据分析、人工智能和机器学习等技术的应用，使得研究者能够更深入地分析消费者行为和市场趋势。互联网和社交媒体的普及改变了药品营销的方式。数字营销和社交媒体广告成为药品推广的重要手段，研究者开始关注这些新媒介对消费者行为的影响。定量和定性研究方法，如问卷调查、实验研究、深度访谈和焦点小组讨论，也为药品营销心理学提供了更加全面和更多维度的分析。

(四) 现代发展与应用

现代药品营销心理学强调个性化和精准营销。通过大数据和人工智能技术，医药企业可以根据消费者的个体特征和行为模式，制定个性化的营销策略。行为科学的应用越来越广泛，尤其是在改善患者依从性和健康行为方面。例如，通过行为干预和动机激励，提高患者的药品依从性和治疗效果。随着药品营销活动的扩大，伦理和法规问题变得更加重要。研究者和医药企业必须考虑如何在推广药品时保护消费者权益，遵循法律法规和伦理标准。

(五) 未来趋势

未来的药品营销心理学将更加依赖跨学科的综合研究，结合心理学、市场营销学、医学、药学、社会学和信息技术等多个领域的知识和方法。数字化和智能化将继续推动药品营销心理学的发展。通过智能设备和可穿戴技术，医药企业可以实时获取消费者的健康数据和行为信息，从而提供更加精准的营销和健康服务。在全球化背景下，药品营销心理学需要平衡全球策略和本地化需求。研究者需要关注不同文化和市场背景下的消费者行为差异，制定适应不同市场的营销策略。

药品营销心理学在其发展过程中，经历了从早期的消费者行为研究到现代的个性化精准营销和数字化转型的演变。随着技术的进步和市场的变化，药品营销心理学将继续发展，为医药企业提供更加有效的营销策略，并促进公众健康。

二、药品营销心理学的理论来源

药品营销心理学的理论来源是多学科交叉的结果，结合了心理学、市场营销学、行为经济学、社会学、医学等多个领域的理论和方法。以下是一些关键的理论来源。

(一) 心理学

1. 行为主义理论

(1)经典条件反射：研究如何通过反复的刺激 - 反应关联来改变消费者的行为。例如，通过重复的广告展示使消费者对某种药品产生正面联想。

(2)操作性条件反射:研究通过奖励和惩罚来强化或削弱特定行为。例如,通过促销和折扣吸引消费者购买药品。

2. 认知心理学信息处理理论 研究消费者在面对药品信息时的认知过程,包括信息搜集、理解、存储和决策。重点在于理解消费者如何处理和记忆药品广告和宣传材料。

3. 态度变化理论 研究如何通过沟通和说服改变消费者对药品的态度。

4. 动机与情感理论

(1)需求层次理论:研究消费者的需求层次如何影响他们的药品选择,强调从基本生理需求到自我实现需求的层次递进。

(2)情感与决策理论:研究情感在消费者决策中的作用,包括情感启发式和情绪影响等方面。

(二)市场营销学

1. 4P 营销理论 包括产品、价格、渠道、促销,为药品营销提供了系统框架。

2. 顾客关系管理 研究如何建立和维护与消费者的长期关系,提高顾客忠诚度和满意度。

3. 品牌管理理论 研究品牌在消费者心中的认知和情感联想,如何通过品牌建设和管理提升药品的市场竞争力。

(三)行为经济学

1. 前景理论 研究消费者在面对风险和不确定性时的决策行为。强调人们对损失的敏感性高于对收益的敏感性,这对药品营销中的价格策略和风险沟通有重要意义。

2. 有限理性理论 研究消费者在复杂决策环境中的简化策略和认知偏差。例如,如何在信息过载的情况下帮助消费者作出更合理的药品选择。

(四)社会学

1. 社会影响理论 研究个体在群体中的行为变化,特别是从众行为和社会规范对药品消费的影响。

2. 角色理论 研究个体在社会中的不同角色如何影响其行为和决策。例如,医生、药师和患者的不同角色如何影响药品营销策略的制定。

(五)医学

1. 药理学 药理学是研究药物与机体相互作用与作用规律的学科,通过掌握药效学、药物代谢过程、作用途径和不良反应等,向消费者和医护人员传递适应证、推荐剂量、潜在副作用及禁忌证等关键信息。

2. 公共卫生理论 强调"预防胜于治疗"的理念,药品营销在各预防阶段的合理介入,不仅促进药品可及性,也有助于实现公共卫生目标。

课 堂 活 动

请回顾近期的购药经历,营销人员在推销产品的过程中是如何利用药品营销心理学理论来影响消费者的药品购买和使用行为?

> **点滴积累**
>
> 1. 药品营销心理学在其发展过程中,经历了从早期的消费者行为研究到现代的个性化精准营销和数字化转型的演变。随着技术的进步和市场的变化,药品营销心理学将继续发展,为医药企业提供更加有效的营销策略,并促进公众健康。
> 2. 药品营销心理学的理论来源丰富多样,通过整合心理学、市场营销学、行为经济学、社会学和医学等多个学科的理论,为理解和影响消费者的药品购买和使用行为提供了坚实的理论基础。

第二节 药品营销心理学的研究对象与内容

一、药品营销心理学的研究对象

药品营销心理学的研究对象涉及多个层面,包括消费者、医疗专业人员、市场环境、文化与社会背景等。

(一)消费者

1. 普通消费者 研究普通消费者购买和使用药品的动机、决策过程和行为模式。了解他们在选择药品时考虑的因素,如品牌、价格、功效、副作用等。分析消费者对药品的态度、信任度、满意度以及对药品信息的认知和理解。

2. 患者 研究患者在治疗过程中对药品的依从性,包括按时服药、遵循医嘱等。分析影响依从性的因素,如药品副作用、使用方便性、患者教育等。了解患者在疾病治疗中的心理和情感状态因素,研究这些因素如何影响他们对药品的选择和使用。

3. 潜在消费者 研究那些尚未患病但有预防需求的消费者对药品的态度和行为。例如,分析健康人群对疫苗的接受度和接种行为。

(二)医疗专业人员

1. 医生 研究医生在处方决策过程中如何基于科学证据、患者需求和医疗政策等因素做出合理选择,以确保临床实践的规范性和维护患者利益。

2. 药师 研究药师在药品推荐过程中的角色和影响力。了解他们在向消费者和患者推荐药品时的决策依据和行为模式。分析药师在患者教育中的作用,研究如何通过药师提高患者对药品的认知和依从性。

(三)市场环境

1. 市场竞争 研究市场中其他医药企业的营销策略、产品定位和市场表现。了解竞争对手的优势和劣势,制定竞争策略。分析市场趋势和变化,如新药品的上市、专利到期、市场需求的变化等对药品营销策略的影响。

2. 广告与宣传 研究不同类型广告(如电视广告、网络广告、户外广告等)对消费者的影响。分析广告内容、媒介选择和投放策略的效果。研究品牌宣传对消费者态度和行为的影响,分析品牌建设和品牌管理的效果。

(四) 文化与社会背景

1. 文化差异 研究不同文化背景下消费者对药品的态度和行为。例如,分析文化因素在药品选择、使用习惯、风险感知等方面的影响。

2. 社会规范 研究社会规范和从众行为对药品消费的影响。例如,分析社交圈的意见、流行趋势等如何影响个体的药品选择。

3. 社会经济因素 研究不同收入水平消费者的药品消费行为和决策因素。例如,分析价格敏感性和支付能力对药品选择的影响。

4. 教育水平 分析消费者的教育水平对药品信息的理解和认知,以及对药品选择和使用的影响。

(五) 政府监管与政策影响

1. 监管环境 研究药品营销活动的法律法规要求,分析不同国家和地区的监管环境对药品营销策略的影响。

2. 公共政策 研究政府公共政策对药品市场和消费者行为的影响。例如,医保政策、药品定价政策等对药品消费的影响。

(六) 技术与创新

1. 信息技术 研究数字化技术在药品营销中的应用,如社交媒体营销、在线广告、电子商务等。分析数字营销的效果和挑战。利用大数据技术研究消费者行为和市场趋势,为药品营销提供数据支持和决策依据。

2. 产品创新 研究新药开发过程中的消费者需求和市场预期。分析新药上市对市场和消费者行为的影响。

通过研究这些对象,药品营销心理学可以全面了解和分析药品市场和消费者行为,为制定有效的营销策略提供科学依据和实用建议。

二、药品营销心理学的研究内容

药品营销心理学的研究内容涵盖广泛,涉及消费者行为、市场细分与定位、广告与促销策略、品牌建设与管理、患者教育与支持、沟通策略与关系管理、文化与社会影响等多个方面。

(一) 消费者行为

1. 购买动机分析 研究消费者购买药品的动机,包括疾病预防、治疗需求、心理安慰等。了解消费者在购买药品时考虑的因素,如价格、品牌、效果、副作用等。

2. 决策过程研究 分析消费者在药品购买过程中的决策路径,从需求识别、信息搜索、替代品评估到最终购买决策。研究影响决策的关键因素,如广告、药师推荐、社交媒体评论等。

3. 使用行为分析 研究消费者购买药品后的使用行为,包括药品的依从性、剂量管理、治疗效果体验等。了解消费者在用药过程中遇到的困难和挑战。

(二) 市场细分与定位

1. 市场细分 基于消费者的心理特征、行为模式、人口统计学特征等进行市场细分。确定不同细分市场的需求和偏好,制定针对性的营销策略。

2. 目标市场选择 评估各细分市场的潜力和竞争状况,选择最具潜力的目标市场。研究目标市场的特征和需求,为产品定位和市场推广提供依据。

(三) 广告与促销策略

1. 广告内容设计 研究不同广告内容对消费者心理和行为的影响,包括情感诉求、理性诉求、名人代言等。设计有效的广告策略,提高广告的吸引力和说服力。

2. 媒介选择与效果评估 分析不同传播媒介(如电视、互联网、社交媒体、报纸等)对药品广告效果的影响。评估广告的覆盖面、到达率、回忆度和转化率。

3. 促销活动策划 设计各种促销活动,如折扣、赠品、抽奖、会员计划等,研究其对消费者购买行为的影响。评估促销活动的效果和成本效益。

(四) 品牌建设与管理

1. 品牌认知与形象 研究消费者对药品品牌的认知和形象,包括品牌知名度、品牌联想、品牌信任和品牌忠诚。制定品牌建设和管理策略,提升品牌价值。

2. 品牌定位 分析品牌在市场中的定位,研究品牌差异化策略,确保品牌在消费者心目中占据独特位置。通过品牌定位强化品牌竞争力。

3. 品牌延伸与品牌保护 研究品牌延伸策略,如推出新产品,进入新市场等。保护品牌形象,防止品牌危机和负面影响。

(五) 患者教育与支持

1. 健康教育计划 设计患者教育材料,帮助患者理解疾病、药品和治疗方案。通过健康教育提高患者的健康意识和药品使用依从性。

2. 患者支持项目 提供心理支持和行为指导,帮助患者克服治疗过程中的心理障碍和行为困难。例如,通过电话咨询、线上支持群体等方式提供持续的支持。

3. 用药依从性研究 研究影响患者用药依从性的因素,如药品的副作用、使用方便性、患者对治疗的信任等。制定提高用药依从性的策略。

(六) 沟通与策略关系管理

1. 沟通策略 提供专业培训,确保药品信息的传达既专业义通俗易懂,使患者能够准确理解药物的用途、使用方法及潜在副作用。

2. 关系管理 建立并维护与药师和患者的良好关系,优化用药指导,提高患者的治疗依从性。

(七) 文化与社会影响

1. 文化背景研究 研究不同文化背景对药品消费行为的影响。分析文化差异在药品选择、使用习惯、风险感知等方面的表现。

2. **社会规范与从众行为** 研究社会规范和从众行为对药品消费的影响。例如,社交圈的意见、流行趋势等如何影响个体的药品选择。

(八) 法规与伦理考量

1. **法规遵从** 研究药品营销活动的法规要求,确保营销策略符合相关法律法规。

2. **伦理考量** 分析药品营销的伦理问题,确保营销活动的公平性、透明性,保护消费者权益。

点滴积累

1. 药品营销心理学的研究对象涉及多个层面,包括消费者、医疗专业人员、市场环境、文化与社会背景、政府监管与政策影响、技术与创新等。

2. 药品营销心理学的研究内容涵盖广泛,涉及消费者行为、市场细分与定位、广告与促销策略、品牌建设与管理、患者教育与支持、沟通策略与关系管理、文化与社会影响等多个方面。

第三节　药品营销心理学的研究原则与方法

一、药品营销心理学的研究原则

药品营销心理学的研究涉及多个原则,这些原则指导研究者在设计、实施和分析研究时确保科学性和可靠性,以便为药品营销提供有效和可信的指导。

(一) 科学性原则

1. **严谨的研究设计** 确保研究方法和设计科学合理,包括明确的研究问题、适当的样本选择和有效的测量工具。

2. **数据的可靠性和有效性** 使用经过验证的量表和测量方法,确保数据的可靠性和有效性。重复测量和多次验证可以提高结果的可信度。

3. **控制变量** 在实验研究中,控制无关变量以减少其对结果的影响,从而更准确地评估特定因素对消费者行为的影响。

4. **使用适当的统计方法** 使用适当的统计方法分析数据,确保结果的准确性和解释的合理性。避免数据的过度解释和不恰当的推论。

(二) 伦理性原则

1. **尊重受试者** 在研究过程中尊重受试者的权利和尊严,确保他们的知情同意。解释研究目的、过程和潜在风险,确保他们自愿参与。

2. **保护受试者隐私** 严格保护受试者的个人信息和隐私,确保数据的保密性和安全性。研究结果应以匿名形式呈现,避免泄露个人身份信息。

3. 无害原则 研究设计应尽量减少对受试者的心理和生理伤害,避免不必要的痛苦和不适。如果研究可能带来潜在风险,应采取措施进行适当的风险管理。

(三)实用性原则

1. 相关性和应用性 确保研究问题和结果与实际药品营销实践密切相关,为营销决策提供有价值的建议。

2. 可操作性 研究结果应具有可操作性,能够转化为具体的营销策略和行动。研究报告应包括具体的实施建议和应用指南。

3. 持续性研究 鼓励进行长期和持续的研究,以跟踪消费者行为的变化和市场趋势,为药品营销提供长期的指导和支持。

(四)创新性原则

1. 方法创新 探索和应用新的研究方法和技术,如大数据分析、人工智能和虚拟现实技术,提升研究的深度和广度。

2. 跨学科合作 结合心理学、市场营销、医学和社会学等多学科的知识和方法,开展综合性研究,提供多维度的建议。

(五)客观性原则

1. 数据驱动 基于数据进行分析和决策,避免主观偏见和个人猜测。数据应透明、可验证,并且分析过程应公开。

2. 中立性 研究过程中保持中立,避免受药品公司或其他利益相关方的影响,确保研究结果的公正性和客观性。

二、药品营销心理学的研究方法

药品营销心理学研究方法涵盖了定量和定性研究,结合了心理学和市场营销的理论和技术。

(一)定量研究方法

1. 问卷调查 通过设计结构化问卷,收集大量消费者对药品的态度、使用习惯和购买决策的数据。问卷调查可以通过线上、线下等多种方式进行。

2. 实验研究 在实验室或实际环境中进行控制实验,研究特定变量(如广告内容、包装设计)对消费者行为的影响。例如,通过 A/B 测试比较不同广告版本的效果。

3. 统计分析 利用统计软件(如 SPSS、SAS、R)对收集的数据进行分析,包括描述统计、回归分析、因子分析等,发现影响消费者行为的关键因素和模式。

4. 大数据分析 通过分析电子健康记录、社交媒体数据、搜索引擎数据等,了解消费者对药品的兴趣和关注点,预测市场趋势和消费者需求。

(二)定性研究方法

1. 深度访谈 与消费者、医生、药师等进行一对一的深入访谈,了解他们对药品的态度、使用体验和心理过程。这种方法有助于获取详细的背景信息和情感反应。

2. 焦点小组 是指组织一组消费者进行集体讨论,探讨他们对药品的看法和使用习惯。焦点小组能够揭示群体互动和社会影响对药品消费的影响。例如,利用大数据分析社交媒体上关于疫苗的讨论,识别公众关注的主要问题和情感倾向。通过焦点小组讨论,深入了解不同人群对疫苗的看法和顾虑。结合内容分析和问卷调查,制定针对性的疫苗推广策略,提高疫苗接种率。

3. 观察法 通过观察消费者在药店、医院等场所的行为,了解他们的购买决策过程和使用习惯。这种方法可以获得真实的行为数据,弥补问卷调查的不足。

4. 内容分析 对广告、社交媒体、患者评论等文本资料进行分析,了解公众对药品的态度和意见。内容分析可以识别常见主题、情感倾向和潜在问题。

(三) 心理学测量工具

1. 态度量表 使用利克特量表、语义差异量表等心理学工具测量消费者对药品的态度、信任度和满意度。例如,设计题项评估消费者对药品疗效和安全性的评价。

2. 情感反应测量 通过自我报告问卷或生理测量(如心率、皮肤电反应)评估消费者对药品广告或包装的情感反应。这些测量有助于理解情感在药品消费中的作用。

3. 行为意向测量 使用行为意向问卷评估消费者未来的购买和使用意图。问卷可以包括消费者对是否购买某药品的意向,以及影响其决策的因素。

(四) 结合多种方法的综合研究

1. 混合研究方法 结合定量和定性方法,提供全面的研究结果。例如,先进行问卷调查收集大量数据,再通过深度访谈深入理解问卷结果背后的原因。研究患者对药品的态度和使用体验。结合实验研究,测试不同广告策略对患者购买意愿的影响。

2. 纵向研究 通过追踪同一批消费者在一段时间内的行为变化,研究药品营销策略对长期消费行为的影响。纵向研究可以揭示时间因素在药品消费中的作用。

3. 跨文化研究 在不同文化背景下进行比较研究,了解文化因素对药品消费心理的影响。例如,比较不同国家消费者对同一药品的态度和使用行为。

课 堂 活 动

请结合药品营销心理学的研究方法和研究原则,思考如何设计一个某品牌感冒药推广策略。

点滴积累

1. 药品营销心理学研究需要遵循科学性、伦理性、实用性、创新性和客观性等原则,确保研究过程和结果的可靠性、有效性和应用性。
2. 药品营销心理学研究方法涵盖了定量研究和定性研究,结合了心理学和市场营销的理论和技术。

第四节　药品营销心理学研究的意义与应用

一、药品营销心理学研究的意义

药品营销心理学研究的意义体现在多个方面,涵盖了消费者行为、市场策略、品牌忠诚度、公共健康、社会责任与伦理规范、竞争优势等领域。

1. 理解消费者行为　通过研究消费者的心理和行为,药品营销人员可以了解患者的购买动机,包括他们对药品的期望、担忧和需求。理解消费者行为有助于制定个性化的营销策略,满足不同消费者的特定需求,提高药品的市场接受度。

2. 优化市场策略　帮助营销人员将市场细分为不同的消费者群体,根据他们的心理特征和行为模式进行精准营销。研究消费者对不同广告内容的反应,帮助设计更具吸引力和说服力的广告,提高药品推广的效果。

3. 增强品牌忠诚度　通过理解消费者的情感和心理需求,药品品牌可以建立与消费者的情感联系,增强品牌忠诚度和客户满意度。了解消费者的心理有助于构建可信赖的品牌形象,特别是在药品行业,信任度是影响消费者选择的重要因素。

4. 改善公共健康　药品营销心理学研究可以揭示影响健康行为的心理因素,通过有效的宣传和教育,鼓励人们采取更健康的生活方式和合理使用药品。通过理解患者对药品的态度和使用行为,制定策略提高药品依从性,确保患者按医嘱使用药品,改善治疗效果。

5. 强化社会责任与伦理规范　通过药品营销心理学研究,可以识别和预防可能导致药品滥用的行为模式,制定相应的市场监管和教育措施。了解消费者的心理和行为,确保药品营销活动符合伦理标准,不误导消费者,维护消费者的合法权益。

6. 增强竞争优势　通过深入的药品营销心理学研究,医药企业可以开发创新的营销手段和工具,在激烈的市场竞争中获得优势。药品营销心理学研究提供了丰富的消费者数据和行为分析工具,有助于进行市场预测和调研,指导药品研发和市场推广。

二、药品营销心理学研究的应用

药品营销心理学研究在实际应用中有着广泛的作用,涵盖了市场调研、广告设计、患者教育等多个方面。

1. 市场调研与细分　通过药品营销心理学研究,医药企业可以深入了解不同消费者群体的需求、动机和购买行为,从而精准定位目标市场。将市场细分为不同的消费者群体,如按年龄、性别、收入水平、心理特征等维度进行分类,并制定针对性的营销策略。例如,通过药品营销心理学研究,了解抑郁症患者的心理状态和治疗需求,设计了包含正面情感诉求的广告,增加了患者对抗抑郁药的接受度。同时,建立患者支持项目,提供心理辅导和治疗指导,提高了患者的治疗依从性。

2. 广告设计与促销策略 情感诉求广告,利用心理学原理设计广告,触发消费者的情感共鸣。例如,通过展示患者使用药品后的积极变化,增强消费者对药品的信任和期望。设计促销活动和健康教育计划,引导消费者形成正确的药品使用习惯。例如,利用心理学原理设计综合的戒烟计划,结合药物治疗和行为干预,通过广告宣传、患者教育和支持项目,利用奖赏机制鼓励患者按时服药,成功提高了戒烟药物的使用率和戒烟成功率。

3. 产品包装与品牌形象 通过药品营销心理学研究了解消费者对不同包装设计的偏好,选择能够吸引注意力并传达产品安全有效信息的包装。塑造具有信任度和情感连接的品牌形象,使消费者对品牌产生忠诚度。利用药品营销心理学研究结果进行品牌故事和品牌价值的传播。

4. 患者教育与支持 设计患者教育材料,帮助患者理解病情和治疗方案。利用简单明了的语言和视觉辅助工具,提高患者的药品依从性。提供心理支持和行为指导,帮助患者克服治疗中的心理障碍和行为困难。例如,研究发现糖尿病患者在自我管理中常遇到心理障碍,通过电话咨询、线上支持等方式提供持续的支持,设计心理支持项目和行为改变计划,帮助患者建立健康的生活方式和用药习惯,可以显著改善治疗效果。

5. 公共卫生与社会责任 利用药品营销心理学研究成果,设计预防药品滥用的教育和宣传计划,利用药品营销心理学研究识别高风险人群,提供针对性的干预措施。

> **点滴积累**
>
> 1. 药品营销心理学研究的意义体现在多个方面,涉及消费者行为、市场策略、品牌忠诚度、公共健康、社会责任与伦理规范、竞争优势等领域。
> 2. 药品营销心理学研究在实际应用中有着广泛的作用,涵盖了市场调研、广告设计、患者教育等多个方面。

目标检测

1. 简述药品营销心理学的研究方法。
2. 药品营销心理学的研究对象包括哪些?
3. 药品营销心理学的研究理论对药品营销活动有哪些指导意义?

ER 1-2

第一章
绪论(习题)

(李洪华)

第二章　消费者的心理过程与药品营销

学习目标

1. **掌握**　心理活动中认知、情绪、情感和意志过程的概念和特征。
2. **熟悉**　记忆与遗忘的规律，情绪的理论与维度，情绪怎样影响消费者的购买决策。
3. **了解**　消费者不同的思维方式和情绪情感对药品营销的影响。

导学情景

情景描述：

　　王某患有季节性变应性鼻炎。一天，他在药店门口发现工作人员正在分发一款新型抗过敏药品的免费样品。该药由某知名公司推出，旨在缓解过敏症状如流鼻涕、打喷嚏和眼痒，该药起效快，副作用少，能够帮助患者迅速恢复正常生活，王某决定尝试使用。经过一段时间的亲身体验，王某感受到了该药的有效性和安全性，随后，这款新型抗过敏药品成为了王某的常备药品。

学前导语：

　　在药店活动中分发新型抗过敏药品的免费样品，鼓励患者亲身体验药品效果，提升了患者对其效果的认知与品牌知名度。本章将探讨消费者的认知、情绪、情感和意志过程，以深入理解其在药品营销中的重要性。

第一节　消费者对药品的认知过程

　　认知过程作为人类心理活动的核心部分，是个体接收、处理、整合各类信息的根本途径。对于药品消费者而言，对药品的认知过程是产生购买行为的前提，也是后续心理活动和消费决策的基础。这一过程涵盖了消费者的感觉、知觉、记忆、想象、思维和注意等多个方面，共同构成了药品品质与属性的综合反应机制。

一、消费者的感知觉

　　感知觉是人类认识世界的初级阶段，是消费心理的基础。其中，感觉作为感知觉的重要组成部分，在消费者认知药品的过程中发挥着举足轻重的作用。

(一) 消费者的感觉

1. 感觉的概念　感觉是人脑对直接作用于感觉器官的客观事物个别属性的反映。例如,当消费者面对一盒药品时,他们通过视觉感受其包装的颜色和形状,通过触觉感知其质地和重量,通过嗅觉和味觉体验其气味和口感。这些个别属性共同构成了消费者对药品的整体印象。

感觉作为我们与世界交互的初步阶段,是各种复杂心理活动的起点。若一个人丧失了感觉能力,那么他的认知、情感体验以及意志都将无从谈起。心理学家曾经进行过感觉剥夺的实验,实验结果证实,当人的感知能力被剥夺时,其心理活动会呈现异常状态,人会感到不安和不适。同样地,在药品消费市场中,消费者正是依赖感觉去初步了解药品的特性,然后基于这些初步印象进行深入的分析评估,最终作出购买决策。因此,任何有效的药品营销策略都需紧紧围绕触动消费者的感知,以此来实现其预期的市场目标。

2. 感觉的分类　按照刺激物的来源,把感觉分为外部感觉和内部感觉。

(1)外部感觉:是身体外部刺激作用于感觉器官所引起的感觉,包括视觉、听觉、嗅觉、味觉和皮肤感觉(包括触觉、温度觉和痛觉)。

(2)内部感觉:是身体内部的刺激引起的感觉,包括运动觉、平衡觉和内脏觉(包括饿、胀、渴、窒息等感觉)。

3. 感受性与感觉阈限　感觉器官对外界刺激的感受能力称为感受性,感受性是用感觉阈限来度量的。感受性与感觉阈限成反比关系。

能够触发个体感觉的最小刺激量被定义为绝对感觉阈限。而绝对感受性则是指个体刚好能够捕捉到这一最小刺激量的能力,实际上就是绝对感觉阈限的体现。当两种刺激之间的差异达到一个特定的最小值,这种差异才会被感知到,这个最小变化量被称为差别感觉阈限。而个体对这两个刺激之间最小差异的感觉能力,则被称为差别感受性。值得注意的是,差别感觉阈限的大小与差别感受性成反比。举个例子,比如一盒总重52g的药品,当它的重量增减1g时,我们才能感知到这种重量的变化;若变化量小于1g,我们就难以察觉这种差异。这里的1g,就是我们所说的差别感觉阈限。

感觉阈限和感受性并非固定不变,它们会随着环境条件的变化以及个体状态的不同而有所调整。鉴于每个人的感觉阈限都有所不同,在进行药品营销活动时,需要根据消费者的感觉阈限来设定宣传的强度、价格的调整幅度以及药品介绍的详细程度。例如某保健食品通过打折促销,但如果折扣幅度太小,可能就无法引起消费者的注意,达不到促销的效果;同样,若想通过减轻重量来降低成本,那么这种重量的变化必须在消费者的差别感觉阈限之内,否则就可能会被消费者察觉,从而影响购买决策。

4. 感觉的特性　感觉的特性包括感觉的适应、对比、联觉、后像,以及感觉的补偿与发展等。

(1)感觉的适应:刺激物持续作用于某一感觉器官,引起感受性发生变化的现象称为感觉的适应。有的适应现象表现为感受性的降低,有的则表现为感受性的提高。一般情况下,以嗅觉的适应现象最迅速。例如,消费者进入药店一段时间后就闻不到药味,即嗅觉感受性的降低;从明亮的环境到昏暗的环境,开始看不到事物,到逐渐看清楚事物,是视觉感受性的提高。在营销过程中,药品的陈列摆放、包装和经营方法都要根据人的感受性特点加以经常变化,使消费者保持较强的感受性。

(2)感觉的对比:是指同一感觉器官在不同刺激的作用下,感受性发生变化的现象。感觉的对比包括同时对比和继时对比。例如,灰白色的物体放在黑色的背景上就会显得较亮,而在灰色的背景上就显得较暗,属于同时对比(图 2-1);刚刚吃过较苦的中药再吃糖,觉得糖特别甜则属于继时对比。因此在广告设计中,可采取暗中取亮、淡中显浓、动中有静等对比效应来吸引消费者。

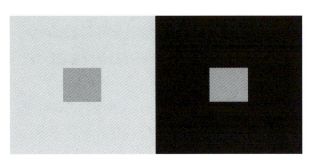

图 2-1　感觉的对比

(3)感觉的联觉:指的是不同的感觉之间发生相互作用,从而使感受性发生变化的现象。人对颜色最容易产生联觉。例如,笨重的物体采取浅色的包装会让人感觉比较轻巧,而轻巧的物体采用深色包装会让人感觉庄重。颜色也是药品包装和广告中最重要的因素之一,很容易引发人的联想和诱发人的情感,对消费行为产生重要影响。

(4)感觉后像:是指在刺激作用停止后,感觉在短时间内仍不消失的现象。后像存在于各种感觉之中,在视觉中尤为突出。后像分为正后像和负后像。后像的品质与刺激物相同,为正后像;后像的品质与刺激物相反,为负后像。例如,注视明亮的电灯后闭上眼睛,灯的形象并不立即消失,为正后像;注视黑色背景上的白圆移视到白色背景上时,会出现黑色的斑点,为负后像。

(二)消费者的知觉

1. 知觉的概念　知觉是大脑对直接作用于感觉器官的客观事物的整体特性的综合反映。例如,我们可以通过不同的感觉器官去感知人参的形态、色泽、气味以及触感等个别特征。在此基础上,大脑对这些个别特征的信息进行加工和整合,从而形成了对人参的整体认识,这就是我们所说的知觉。

知觉与感觉是紧密相连但又有所不同的心理现象。感觉是大脑对客观事物个别特性的直接反映,而知觉则是在感觉的基础上,大脑进一步对这些信息进行整合和处理的结果。感觉是依赖感觉器官来接收外界信息的,而知觉则更多地依赖于大脑对这些信息的加工和整合。

知觉往往是多种感觉的综合体现,它既包括了我们当下的直接感受,也融入了我们过去的经验和知识。在药品销售活动中,知觉是消费者在感觉的基础上对药品整体特性的综合反映。例如,消费者可能会因为药品的功效、价格、包装和规格等因素产生视觉、听觉等感觉,但这些个别属性的感觉需要经过大脑的进一步加工和处理,才能形成对药品的整体知觉。此外,个人的态度和需求会使知觉具有一定的倾向性,而个人积累的知识和经验则会使知觉更加丰富和深刻。

2. 知觉的种类　知觉可根据其反映的事物特性被划分为不同类别,包括空间知觉、时间知觉以及运动知觉。具体而言,空间知觉是指大脑对物体形状、大小、距离及方位等空间特性的感知;时间知觉则是对客观现象连续性和顺序性的反映,也就是对事物发展先后顺序以及持续时间长短的认知;而运动知觉则聚焦于物体在空间中的位移及其速度的快慢。

错觉也是知觉的一种,是指在特定条件下产生的对外界事物歪曲的知觉。错觉现象十分普遍,常见的有大小错觉(图 2-2)、形状 - 方向错觉(图 2-3)等。在药品销售活动中,巧妙利用错觉,将有助于药品销售活动的开展。例如,一个不大的药店,由于店面的四周镶上了镜子,镜面的反射产生了增加光线的作用,使得屋内摆放的药品数量也显得增加了一倍,给人以目不暇接的感觉。

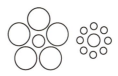

图 2-2　大小错觉

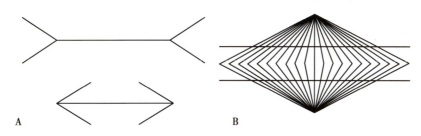

A　　　　　　　　　　　　　B

图 2-3　形状 - 方向错觉

3. 知觉的基本特性

(1)知觉的整体性:是指人们在知觉客观对象时,能够根据知识、经验把它作为具有一定结构的整体去认知(图 2-4)。例如,人们走进药店,不是先知觉柜台,后知觉门窗、地板……,而是同时完整地感知到它们。消费者在购买行为中,总是把药品价格、质量、品牌、款式、包装等个别属性综合在一起,在头脑中形成对药品的整体形象。知觉的整体性对人们在众多事物中快速识别某一事物具有重要意义。

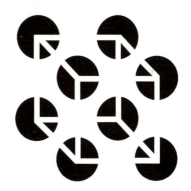

图 2-4　知觉的整体性

(2)知觉的选择性:指人有选择地把知觉对象优先从众多的信息中区分出来,并进行加工、整理的特点(图 2-5)。知觉的对象和背景是可以发生变化的。影响知觉的选择性的因素有很多,知觉对象与背景的差别越大,就越能从背景中选择知觉对象。消费者总是有选择地在大量的药品信息中,优先将少数药品信息作为知觉的对象,这是消费者知觉的选择性。根据这种特点,消费者能在众多的药品中把自己所需要的药品区分出来,或者在同一种药品的众多特性中,优先注意到某种特性。在药品的营销活动中,对于药品的摆放、陈列等都应注意背景与药品的衬托,对比明显才有利于消费者进行选择。

图 2-5　知觉的选择性

(3)知觉的理解性：当人类接触和感知客观存在的事物时，会自然而然地运用以往积累的知识和经验来进行分析、评估，并将这些新获知的信息整合进已有的认知体系之中，这样做的目的是更精准、更深入地掌握这些事物的独特性质。人的知识和经验越是广博深厚，对于事物的感知也就越是详尽和深入。例如，医生对于X线片的解读能力比普通人更加全面和深刻。此外，人类还擅长利用语言和文字工具来总结和表达他们所感知到的信息，这使得知觉的理解性与人的语言、文字表达能力紧密相连。不同的消费者在面对同一药品时，由于各自的理解能力不同，他们的知觉也会有所差异。具备丰富经验的消费者在挑选药品时，往往能更快、更全面地把握药品的特点。

(4)知觉的恒常性：当知觉所处的条件发生变动时，知觉映像在很大程度上仍能保持其原有的稳定性，这种特性被称作知觉的恒常性(图2-6)。知觉的恒常性主要依赖于个体所积累的知识、经验以及对象之间的对比关系。举例来说，即使手帕被巧妙地折叠成蝴蝶或花朵的形状进行销售，人们依旧能够识别出它原本的面貌，即手帕。知觉的恒常性具有不容忽视的重要性，能帮助人们更真实地揭示客观对象的自然属性和本质特征。

图 2-6　知觉的恒常性

二、消费者的注意与记忆

(一) 消费者的注意

1. 注意的概念　注意是指人的心理活动对于一定对象的指向与集中。指向性表现为心理活动对某一事物的选择；集中性则体现在排除外部干扰，保持对选定对象的深入关注。

2. 注意的种类　根据注意是否有目的性，是否需要意志努力，把注意分为无意注意、有意注意和有意后注意。

(1)无意注意：指没有预定目的、不需要付出意志力的注意。例如，一个消费者去药店购买甲药品时，可能会无意中注意到乙药品，这可能是因为乙药品的包装颜色鲜艳或者位置显眼。一般来说，强度大、对比鲜明、新颖的刺激更容易吸引无意注意，因为这些特性能够迅速抓住人们的感官，引起人们的好奇心。

(2)有意注意：指有预定目的、需要付出意志力的注意。例如，当消费者根据自己的需要对药品进行认真地了解、反复地挑选和细致地检查时，他们展现出的就是有意注意。有意注意是在无意注意的基础上发展起来的,是人类特有的一种心理现象。有意注意对于学习和工作来说,具有较高的效率。

(3)有意后注意:是一种有目的、不需要意志努力的注意。比如,开始学习游泳时,注意力非常集中,是有意注意;学会游泳后,可以不用注意动作要领,就能够畅游自如,这时游泳就成了有意后注意。有意后注意是一种具有高度稳定性的注意,是人类从事创造性活动的必要条件。

3. 注意的功能

(1)选择功能:选择功能是指根据自己的需要,有目的地选择有意义并与当前活动相一致的事物,避开其他事物干扰的功能。由于注意的选择功能,人的心理活动才能正确地指向和反映客观事物。在药品营销活动中,如将儿童服用的药品外观设计为卡通图案,或者药片形状设计为星星或月亮等,就是为了吸引消费者的注意,对消费者的选择施加一定的影响。

(2)保持功能:保持功能表现在注意较长时间集中于一定的事物,并一直保持到完成认识活动和行为目的为止。

(3)监督和调节功能:当心理活动被无关事物干扰,离开注意对象时,注意的监督和调节功能会适时地对心理活动进行调节,使其指向和集中在特定的客观事物上。

> **课 堂 活 动**
> 请思考,在药品营销过程中,可采用哪些方法吸引消费者的注意力?

(二)消费者的记忆

1. 记忆的概念　记忆是过去的经验在人脑中的反映。过去的经验包括感知过的事物、思考过的问题、体验过的情绪和做过的动作。记忆代表着一个人对过去活动、感受、经验的印象累积。这些经验都以映像的形式存储在大脑中,在一定条件下,又可以从大脑中提取出来,这个过程就是记忆。

2. 记忆的过程　记忆的过程包括识记、保持、回忆或再认三个基本过程。药品消费者在购物时,会通过视觉、听觉和触觉等多种方式接触并识记药品。他们将这些接触过程中感知到的药品特点与已有的知识经验进行联系,形成对药品品牌的认知,并将这些认知作为经验保存在大脑中,这个过程就是保持。当消费者在选购某一类药品时,他们的大脑中往往会浮现出曾经使用过的或者在其他药店见过的同类药品的形象。这些形象会与当前看到的药品进行比较,以帮助消费者作出更明智的购买决策,这个过程就是回忆。此外,当消费者看到曾经使用过的或者曾经在广告上见过的药品时,他们能够迅速识别出来,并产生一种熟悉感,这个过程就是再认。

三、消费者的想象与思维

(一)消费者的想象

1. 想象的概念　想象是人脑对已有表象进行加工、改造,创造出新形象的心理过程。

2. 想象的种类　想象按其是否有目的,可分为无意想象和有意想象。

(1)无意想象:是指没有预定目的、在某种刺激作用下不自觉产生的想象。例如,浮想联翩、触景生情等。人的梦境是无意想象的极端形式。

(2)有意想象：是根据一定的目的、自觉进行的有意识的想象。根据想象的独立性、新颖性和创造性的不同，可以把有意想象分为再造想象、创造想象和幻想。

知识链接

如何利用消费者的想象进行药品营销

1. 讲故事　利用讲故事的方式展示药品的效果和使用场景。例如，通过故事情节展示患者在使用药品后，如何从病痛中解脱，恢复健康和活力。故事的情节应尽可能生动和具体，使消费者能够通过故事产生情感共鸣，并在脑海中形成清晰的画面。

2. 视觉化广告　通过使用视觉元素，如图像、视频和动画，来展示药品的作用和效果。视觉化广告可以帮助消费者更直观地理解药品的功效，并激发他们的想象。例如，可以展示使用药品后的生活场景，如恢复健康后参与运动、旅行或与家人、朋友共度时光。

（二）思维

1. 思维的概念　思维是人脑对客观事物间接的、概括的反映。思维的主要特征是间接性和概括性。

（1）间接性：思维的间接性是指人们总是借助一定的媒介和知识、经验对客观事物进行间接的认识。有些事物无法直接认识其本质，必须以其他事物为媒介，经过推理、判断来反映其本质。例如，医生是通过对患者的临床表现、检验和检查结果分析、比较等思维过程，间接地得出对疾病的诊断，而不是医生直接地感知疾病。思维可以使人深入、全面、正确地认识客观事物。

（2）概括性：思维的概括性是指在大量感性材料的基础上，把同一类事物共同的特征和规律抽取出来并加以概括。主要包括两个方面：第一，思维反映的是一类事物共同的本质属性；第二，思维可以反映事物之间的内部联系和规律。例如，市场上的药品成千上万，很难全部被认识。但经过思维，可以把它们概括为消化系统药品、心血管系统药品等，每一类药品都有区分于其他类药品的共同特征。

间接性和概括性是思维的两大基本特征，这两大特征是密切相关的。人们在进行间接认识或推理时，必须运用已概括出的知识、经验作为中介环节，去判断和推论没有被直接感知的事物，一般来说，概括的知识、经验越多，间接的认识水平就越高。

2. 思维的过程　思维过程分为分析与综合、分类与比较、抽象与概括。

（1）分析与综合：分析就是在头脑中将事物的整体划分为各个部分和各个特性。如将一棵树分解为根、茎、叶、花、果等。综合就是将事物的各个部分、各种属性结合起来，形成一个整体认识的过程。如将一种植物的根、茎、叶、花、果结合起来，就可以得出果树的结论。分析和综合是思维的基本过程，它们是相反而又紧密联系的两个方面。

（2）分类与比较：分类是按照事物的不同性质进行区别归类。比较是把各种事物和现象加以对比，确定它们的不同点及关系。比较是以分类为前提的，只有通过分类把事物的各个部分或特征区别开来，才能进行比较。通过比较才能确定它们之间的关系，对事物有一个准确的认识。比较是药品消费者购买活动中的重要环节之一。有比较才有鉴别，"货比三家"就是指对于所要购买的同类药品从质量、价格及效果等方面进行比较之后,再作出购买决定。

(3)抽象与概括:抽象是抽取出同类事物的共同特征和属性的思维过程。概括就是把抽取出来的共同特征和属性结合在一起的过程。通过分析认识事物的各种属性,比较找出其共同属性,以及这些属性相互之间的关系,再把共同属性结合起来,用词语表达概念,这就是概括的过程。

四、消费者的认知过程与药品营销

药品市场中,深入剖析消费者的认知过程,是构建高效营销策略的关键基石。消费者在购买药品时,其认知过程受到一系列心理因素的深刻影响,包括感觉、知觉、记忆和思维等。因此,药品的营销活动必须细致入微地考虑这些心理层面,以便有效提升消费者的购买欲望和对品牌的忠诚度。

根据消费者的认知特性和需求差异,药品市场可以进一步细分为多个子市场。针对不同的子市场,药品营销人员需要灵活调整营销策略,例如药品定位的精准化、价格策略的合理制定、渠道选择的多元化等。这种基于市场细分和精准定位的营销策略,有助于药品企业更精确地把握消费者需求,从而在激烈的市场竞争中脱颖而出,提高市场份额和整体竞争力。

首先,药品的特色和优势是吸引消费者的重要因素。药品营销人员需要深入分析药品的成分、疗效、安全性等方面的特点,并突出其相较于竞争对手的优势。通过强调药品的独特性和创新性,增强消费者对药品的认知和信任度。

其次,有效的营销活动需要与消费者进行积极的互动。药品营销人员可以通过举办健康讲座、提供用药咨询等方式,与消费者建立直接的联系和沟通。这种互动不仅有助于增强消费者对药品的了解和信任,还能促进消费者对品牌的认同和忠诚。

最后,对药品营销活动的效果进行评估和调整至关重要。营销人员需要通过市场调研、数据分析等手段,对营销活动的效果进行定期评估。根据评估结果,及时调整营销策略和方案,以适应市场的变化和消费者的需求。

点滴积累

1. 感觉是对事物个别属性的直接反映,而知觉是大脑对感觉信息进行整合后,对事物整体特性的反映。知觉是一种更为复杂的心理现象,它不仅仅是感觉信息的简单叠加。

2. 注意和记忆是影响消费行为的重要心理过程。注意是消费者在接触大量信息时,将有限的认知资源集中在某些特定信息上的能力。记忆则是消费者对品牌、产品或广告信息的存储和提取过程,记忆的过程包括识记、保持、回忆或再认三个基本过程。

3. 思维是对事物本质属性的概括性反映,是认知过程的高级形式。它具有间接性和概括性,使人们能够通过分析、综合、分类、比较等过程,深入理解药品的特性和市场信息。

第二节　消费者对药品的情绪和情感过程

心理活动在不同环境和需要的影响下，会产生不同的内心变化和外部反映，并表现出不同的情绪和情感色彩。消费者的购买和消费活动是充满情感体验的活动过程。

一、消费者的情绪和情感

（一）情绪和情感的概念

情绪和情感是人对客观事物是否满足自身需要而产生的态度体验。当客观事物符合个体的需要和愿望时，就能够引起积极的、肯定的情绪和情感；当客观事物不能满足个体的需要和愿望时，则会产生消极的、否定的情绪和情感。例如，某品牌药品质量好，信誉高，在实际使用中能够满足消费者对疾病康复的需要，消费者就会对其产生喜悦和满意的积极情绪。

（二）情绪和情感的区别与联系

1. 情绪和情感所赖以产生的需要不同　情绪多产生于生理性需要，情绪的表现多与生理需要相关联，所以情绪是人和动物所共有的。而情感则是与人的社会性需要相联系的体验，情感是较高级的心理现象，是人类所特有的，如亲情、友情、爱情等。

2. 情绪和情感在稳定性上的不同　情绪具有情境性和短暂性，随着情境的变化而变化。情感则具有深刻性和稳定性。例如，孩子过分淘气会使母亲生气，这种情境下产生的情绪具有暂时性，但母爱的情感则是长久的。情感常被用于进行人的个性和道德品质评价等重要方面。

3. 情绪和情感在表达强度上不同　情绪具有冲动性和明显的外部表现，如高兴时的手舞足蹈，郁闷时的垂头丧气，愤怒时的暴跳如雷等。而情感则是一种内心体验，深沉而且持久，不会轻易流露。

情绪和情感之间的关系是紧密相连，难以分割的。情绪往往受到情感的引导和制约，同时情感也通过情绪得以展现和表达。在现实生活中，情绪和情感常交织不清，难以区分。情绪通常被视为情感的外在表现，而情感则深藏于情绪之后。积极情绪能促进消费者的购买决策，帮助克服购物中的难题。相反，消极情绪可能导致消费者拒绝购买，或在不良的购物环境下快速离开，甚至避免与引起负面情绪的营销人员接触。因此，药品营销人员需理解情绪和情感的互动，创建积极的购物环境，激发消费者的正面情感，促使购买行为的发生。

（三）情绪和情感的外在表现

当人们发生各种情绪和情感体验时，人体会有明显的表情变化，主要表现在面部表情、姿态表情和言语表情三个方面。一名合格的药品营销人员既要善于用表情表达，还要善于识别消费者表情，根据表情推测消费者的情绪变化，以指导药品营销策略的实施。

1. 面部表情　面部表情是指通过眼部肌肉、颜面肌肉和口部肌肉的变化来表现各种情绪状态。愉快和不愉快是两种最基本的面部表情，愉快时面肌横伸，面孔较短；不愉快时面肌纵伸，面孔较长。眉也是表现面部表情的主要部位，展眉表示欢欣；皱眉表示愁苦；扬眉表示得意；竖眉表示愤怒。嘴部也参与表情动作，哭与笑是面部表情最明显的表现。

2. 姿态表情　姿态表情是指借助全身姿态和四肢活动来表达情绪和情感。以手脚变化为主要形式，其中以手的动作变化最为重要，又称为身段表情。例如，高兴时手舞足蹈；愤怒时暴跳如雷；恐惧时不寒而栗；悔恨时捶胸顿足；惊慌时手足失措。

3. 言语表情　言语是人类特有的交际工具，用来表达思想和感情。言语表情与面部表情和姿态表情一起成为辅助交际的有力工具。在情绪和情感发生时，人的言语音调、节奏、强度和速度等方面的表现都会发生变化。例如，人在高兴时，语调高，速度快；悲哀时，音调低沉，言语缓慢，声音断断续续。此外，不同的语气还可表现出疑惑、烦闷、生气、惊讶等不同的情感状态。

（四）情绪和情感的功能

1. 适应功能　情绪和情感是有机体适应生存和发展的一种方式。例如遇到危险时的呼救，是求生的手段。通过情绪和情感来适应社会，在成人的交流中很重要。例如通过愉快来表示处境良好，通过痛苦表示处境困难，通过微笑表示友好。药品营销工作中可以通过察言观色了解对方的情绪和需要，以采取适当的方式或对策。

2. 动机功能　情绪和情感是动机的源泉之一。情绪和情感可以激励个体活动，提高其活动效率。适度的情绪兴奋可以使身心处于活动的最佳状态，起到提高活动效率的作用。优秀的药品营销人员应当通过微笑服务来充分调动消费者的积极情绪。保持消费者心情愉快对药品营销活动的成功至关重要。

3. 组织功能　积极情绪具有协调功能，消极情绪则具有破坏功能。积极乐观的情绪状态，容易使人们注意事物美好的一面，行为变得接纳、开放；相反，消极、悲观的情绪状态，容易使人们感到失望、放弃，有时甚至会产生攻击性行为。

4. 信号功能　情绪和情感在人际交往之间具有传递信息、沟通思想的功能。这种功能是借助于表情来实现的。通过观察人与人交流时表情的变化，即可读懂其所要表达的内容。这些也是药品营销人员应当掌握的基本功之一。

（五）情绪和情感的分类

1. 情绪的基本形式　情绪的基本形式分快乐、愤怒、悲哀和恐惧四种。

（1）快乐：是人们在盼望的目的达到后，或某种需求得到满足时产生的情绪体验。由于需求得到满足，心里的急迫感和紧张感解除，于是产生快乐。例如，得到了一件自己喜爱的东西、获得意外的惊喜、疾病的康复等都会产生快乐的体验。快乐的程度分为满意、愉快、欢乐、狂喜等，快乐的程度取决于需要满足的程度。

（2）愤怒：是由于目的和愿望不能实现，并且一再受到挫折，内心逐渐积累负性情绪而产生的一种情绪体验。愤怒是一种不良情绪，会破坏人的心理和生理平衡，使血压增高、心跳加快、内分泌失调等，进而诱发各种疾病。愤怒时人的紧张会增加，有时不能自我控制，甚至出现攻击行为。愤怒的程度可分为不满、生气、愤怒、暴怒等。

（3）悲哀：是指所热爱事物的丧失，或希望破灭时的情绪体验。如亲人故去、考试失败等都属于这种情况。悲哀的强度取决于个人所失去事物的价值。悲哀的程度可分为遗憾、失望、难过、悲伤、哀痛等。

(4)恐惧：是企图摆脱和逃避某种危险情景而又无力应付时产生的情绪体验。恐惧的产生不仅由于危险情景的存在，还与个人排除危险的能力和应付危险的方式有关。人在恐惧时会出现脸色苍白、反应迟钝、浑身发抖等现象。"心惊肉跳"就是形容人在恐惧时的精神状态。恐惧的程度可分为害怕、惧怕、惊恐和昏厥等。

2. 情绪状态　按照情绪发生的速度、强度和持续时间的长短，把情绪划分为心境、激情和应激。

(1)心境：心境是一种微弱的、具有弥散性和持久性的情绪状态，也就是心情。"人逢喜事精神爽"是指一件高兴的事会让人们长时间处在愉快的心境状态下，走在路上也觉得神清气爽；但工作受挫，会让人长时间忧心忡忡，无精打采。"感时花溅泪，恨别鸟惊心"也指的是心境。

(2)激情：激情是一种猛烈的、迅速爆发而短暂的情绪状态。人们在生活中的狂喜、暴怒、恐惧、绝望等都是激情的表现，是由对人具有重大意义的强烈刺激所引起的。其主要特点是爆发性和冲动性。与心境相比，激情在强度上更大，但维持的时间一般较短。积极的激情能激励人们克服艰险，成为正确行动的动力；消极的激情会使人分析能力和自我控制能力降低，进而行为失控，做出不理智行为。

(3)应激：应激是指在出乎意料高度紧张的情况下所引起的高度情绪紧张状态。例如，突然遇到水灾、火灾、地震等自然灾害时，人就会出现应激状态。人在应激状态下会出现两种不同的表现：急中生智或手足无措。

3. 情感的分类　社会性情感起因于社会文化因素，为人类所独有。社会性情感调节着人们的社会行为，也称之为高级情感。它包括道德感、理智感和美感。

(1)道德感：是人们用社会公认的道德标准评价自己和他人的言行举止时所产生的情感体验。例如，对文明经商、礼貌待客、诚信经营的商家产生赞赏和接纳的积极情感，对敲诈行为产生不满或是憎恨。道德感直接体现了客观事物与人的道德需要之间的关系。

(2)理智感：是人们在智力活动中，认识和评价事物时所产生的情感体验。例如，人们在探索未知事物时表现出的兴趣、好奇心和求知欲，科研中的惊讶、怀疑、困惑和对真理的确信，问题得到解决时的幸福感，有新发现时的喜悦感等，都是人们在探索和求知过程中产生的理智感。消费者在认识药品的过程中，认识越深刻，理智感越强。对新型的、科技含量较高的药品会产生犹豫和好奇感，这种情感会促使其不断地深入探究，直至了解清楚。

(3)美感：是人们根据一定的审美标准，对客观事物进行评价时所产生的心理体验。凡是符合人们审美标准的自然现象、社会现象及各种艺术品等，都能引起美的情感体验。美感会影响人们的消费行为，在商品挑选、购买决策的过程中，消费者的审美观是决定购买行为的重要因素之一。

二、消费者的情绪、情感与药品营销

消费者的情绪和情感在药品营销中起着重要的作用，因为它们直接影响消费者的认知、决策和行为。通过理解和利用情绪和情感,药品营销活动可以更加有效地吸引和留住消费者。

(一) 情绪诱发

设计能够引起情感共鸣的广告,如展示患者康复的感人故事、家庭团聚的温馨场景等,这些广告可以激发消费者的同情心、希望和信任感;讲述品牌创立的初衷、背后的故事以及对社会责任的承诺,增强消费者对品牌的情感认同;参与和支持公益活动,展示品牌对社会的关怀,赢得消费者的好感和信任。

(二) 情感联结

建立一个关怀、可靠和专业的品牌形象,通过一致的视觉元素(如标志、颜色、字体)和品牌故事,增强品牌认同感;根据消费者的个体需求和情感偏好,提供个性化的营销信息和服务,使消费者感受到品牌的关注和关怀;在重要节日或特殊时刻(如消费者的生日等)发送关怀信息或小礼物,增强消费者的情感联结。

(三) 信任建立

提供详细且透明的药品信息,包括成分、用法、剂量、副作用等,增强消费者的安全感和信任度;邀请医学专家和专业机构为药品提供认证,增加可信度;通过真实用户的使用反馈和成功案例展示药品效果,增强药品的可信度和吸引力。

(四) 应对负面情绪

提供高效的客户支持和售后服务,快速响应消费者的问题和投诉,减少负面情绪;在出现药品问题或负面新闻时,及时发布声明,采取有效措施解决问题,并透明地向消费者通报进展,以缓解消费者的焦虑和不安;在药品副作用或使用问题出现时,及时解决并提供情感支持和心理辅导资源,帮助消费者应对负面情绪。

(五) 情绪激励

推出会员计划或积分奖励,激励消费者的忠诚度和推荐行为,使他们感受到品牌的重视和关怀;分享患者成功康复的故事和使用药品的积极体验,激励其他消费者购买和使用药品。

(六) 情感反馈

定期进行情感调查,了解消费者的情感体验和满意度,调整营销策略以更好地满足消费者的情感需求;建立互动平台,如在线社区或社交媒体账号,与消费者进行情感交流和互动,收集情感反馈,增强品牌的亲和力。

点滴积累

1. 情绪和情感是人对外界事物是否满足自身需要而产生的态度体验,情绪和情感既有区别也有联系。
2. 情绪和情感的变化会直接影响到营销活动能否顺利进行。

第三节　消费者对药品的意志过程

一、消费者的意志过程概述

意志是人有意识、有计划、有目的地调节和支配自己行为的心理过程,是人的意识能动性的集中表现,是人类所特有的心理现象。意志过程在人类主动改造现实的活动中表现出来,对行为有坚持、制止和改变等方面的控制调节作用。意,是心理活动的一种状态。志,是对目的方向的坚信、坚持。意志活动不同于人生来具有的本能活动,也不同于不被意识控制的不随意运动,是属于受意识调节的高级心理活动。人类的生活、学习和劳动都是有目的的随意行动,是属于人类所特有的意志活动。

意志可以分为感性意志和理性意志两种形式。感性意志体现了人们在应对感性刺激时展现出的自我克制力,如在体力劳动中需要克服的肌肉酸痛、呼吸不畅、神经紧张等生理层面的挑战。而理性意志则展现了人们在面临理性刺激时的自我控制能力,例如在脑力劳动中需要应对的精神压力、情绪波动等心理层面的困难。

消费者的意志活动,实质上是一个内在心理过程,它表现为消费者自觉地确立购买目标,并主动管理和调整自己的购买行为,以克服各种可能出现的障碍,最终实现预定的购买目标。这一过程的关键在于消费者需要有目的、有意识地控制和调节自己的行动,努力排除外界干扰,以确保购买目标的达成。如果说消费者对药品的认识和情感过程是将外界信息转化为内在意识的话,那么意志活动就是将这种内在意识进一步转化为实际行动的过程。只有当这一转化成功实现时,消费者的心理活动才能真正引导并支配其购买行为。

二、消费者意志过程的特征

(一) 有明确的购买目的

消费者的意志行为总是体现在他们有目的、有意识的购买行动中。举例来说,有的消费者会选择节俭生活开支,以积攒足够的资金来购买那些他们长久以来期盼的消费品;而另一些消费者则可能将大部分工资投入到收藏品的购买中,以满足他们对收藏的热爱和追求。这些购买行为都是基于明确的购买目标,并通过有计划的行动来实现这些目标。在整个购买过程中,消费者会根据自己的购买目的来调节和支配自己的行为,确保最终实现他们的购买意愿。

(二) 有克服困难的过程

消费者在确定和实现购买目标的过程中,经常会遇到各种挑战和困难。而正是这些克服困难的过程,构成了消费者的意志行动的核心。比如,在挑选商品时,消费者可能会遇到多个心仪的选项难以抉择,或者遇到心仪但价格超出预算的商品,又或是因为对商品的内在质量缺乏足够判断而心生犹豫,这些都可能导致购买信心的动摇。在这种情况下,消费者需要重新评估并可能调整购买目标,或者通过克服经济上的困难来实现购买目的。此外,当消费者选中了满意的大件商品,但面临商店不提供送货服务的问题时,他们需要积极寻找自己解决运输问题的方案。总而言之,消费者的意志过程始终伴随着克服困难的努力。

三、消费者意志过程的阶段

消费者购买行为的意志过程比较复杂,包括作出购买决定、执行购买决定和体验执行效果这相互联系的三个阶段。

(一) 作出购买决定阶段

作出购买决定包括确定购买目的、取舍购买动机、选择购买方式和制订购买计划等四个方面。消费者的购买行为总是源于特定的需求和动机。然而,在同一个时刻,消费者可能会感受到多种不同的需求,进而激发出多种购买动机。鉴于大多数消费者难以在同一时间满足所有需求,购买动机之间往往会发生冲突。在这种情况下,意志活动的作用就显得尤为重要,它能够帮助消费者根据需求的紧迫程度和重要性,确定出最主要的购买动机。例如,当面对众多同类型的药品时,消费者会综合考虑其质量、档次、价格等方面的差异,通过将自己的需求与市场上的药品进行比较,最终选择和确定购买对象。这一整个过程,都离不开意志活动的积极参与和调节。

(二) 执行购买决定阶段

执行购买决定是消费者意志过程的完成阶段,是根据既定的购买目的购买药品,把主观上的东西变为现实购买行动的过程。在执行过程中,仍然有可能遇到种种困难和障碍。所以,执行购买决定是真正表现意志的中心环节,它不仅要求消费者克服自身的困难,还要排除外部的障碍,为实现购买目的,付出一定的意志努力。

在现实生活中,意志品质对于消费者的购买选择影响颇为深远。举例来说,当消费者面临购买决策时,尤其是在选择那些与传统观念、习惯相悖或新型药品时,往往会经历内心的挣扎与冲突。这是因为购买这些药品往往伴随着较大的风险,能否突破传统观念的桎梏以及社会舆论的压力,很大程度上取决于消费者的勇气和意志力,而这正与其个人的意志品质紧密相连。拥有坚定意志品质的消费者通常能迅速抓住机遇,果断地作出购买决策。相反,那些缺乏果断性的消费者则容易犹豫不决,缺乏主见,从而错失良机。这种差异正是由于不同消费者的意志品质所造成的。

课 堂 活 动
一家医药企业推出了一款新的戒烟药物,这种药物能够有效地帮助吸烟者减少对尼古丁的依赖,从而逐渐戒烟。为了更好地推广这款药物,请帮助该企业结合消费者的意志过程设计营销策略。

(三) 体验执行效果阶段

在完成购买行为后,消费者的意志过程并未结束,通过对药品的使用,消费者还要体验执行购买决定的效果,如药品的疗效是否良好,服用是否方便,使用效果与预期是否接近等。

四、消费者的意志过程与药品营销

消费者在选购药品时,他们的意志和决策过程会在其有目标的购买行为中得到明显的展现。在收集信息时表现为积极主动地获取药品和健康信息,在作出购买决定时表现为权衡利弊并作出最终选择,在购买药品时表现为采取实际行动购买药品,在使用后评价时表现为对药品效果和满意度的评估,在体现品牌忠诚度时表现为重复购买和推荐行为。这些购买行为背后,核心的动力是满足自身的各种需求。因此,消费者会深思熟虑后设定明确的购买目标,并以此为导向,有意识地规划并执行他们的购买行为。这种意志驱动下的目标性购买行为,充分展现了人类心理活动的自主性和主动性。在购买决策的执行过程中,消费者需要面对和克服的障碍和困难是多元化的,既有可能是源自内心的疑虑和挣扎,也可能是外界环境造成的各种影响。因此,营销人员需要积极帮助消费者解决购买过程中的难题,助力他们顺利实现购买目标。

点滴积累

1. 意志过程在人类主动改造现实的活动中表现出来,对行为有坚持、制止和改变等方面的控制调节作用。
2. 消费者的购买行为的意志过程比较复杂,包括作出购买决定、执行购买决定和体验执行效果这相互联系的三个阶段。

ER 2-2

第二章
消费者的心
理过程与药
品营销
(习题)

目标检测

1. 如何利用注意的功能来吸引药品消费者的注意?
2. 如何利用消费者思维的特征开展药品营销?
3. 情绪和情感对药品消费者消费行为的影响有哪些?
4. 药品消费者意志过程的特征是什么?

(周立超)

第三章　消费者的人格与药品营销

导学情景

情景描述：

一家医药企业推出一款新的糖尿病管理药品，旨在帮助患者更好地控制血糖水平。为了能帮助糖尿病患者监测血糖水平并开展个性化的治疗，该企业开发了一个专门的医生门户网站，提供药品信息、临床案例和使用指南，方便医生查阅和参考。企业还同步开发了一个智能应用程序，应用程序通过分析患者的数据，提供个性化的反馈和建议，如饮食调整、运动计划和药品使用提醒。

学前导语：

该医药企业根据消费者的个性特质提供个性化的营销信息，不仅提高了消费者对药品的兴趣和信任度，感受到了品牌对其个性和需求的尊重和理解，还增加了药品的销售量和市场份额。本章主要讲述消费者的人格结构，不同人格特质消费者的购买行为，消费者的自我意识对消费方式的影响。

第一节　人格概述

在生活中，我们经常会听到这样的话语："我用我的人格担保""你简直是在侮辱我的人格"等。而我们在与人交往时，也会不自觉地用人格去评价他人的品性，如"他的人格非常高尚"，可见人格即可代表我们自身，也可用来帮助我们辨别和区分人与人之间的差异。

一、人格的概念

心理学家从不同的角度对人格进行了定义，其中有两个基本概念是一致的：独特性以及行为的特征性模式。人格可被定义为：一系列复杂的心理品质，具有跨时间、跨情境一致性的特点，对个体行为的特征性模式有独特的影响。

人格是一个复杂的结构系统,它包含了多种成分。这些成分大致可以分为人格的倾向性和人格的心理特征两个方面。前者指人格的动力,后者指个体之间的差异。

需要和动机是人格的动力,体现了人格的倾向,是人格中最活跃的因素,是人格积极性的源泉。人格倾向决定着人对现实的态度,决定着人对认识对象的趋向和选择。

人格的心理特征包括人的气质、性格、能力、自我意识。人格的心理特征是人的多种心理特点的独特的结合,构成了一个人心理面貌的独特性,说明了心理面貌的个体差异。

二、人格的特征

人格是人们通过各种社会活动得到不同的体验而逐渐形成的相对稳定的心理趋势,它具有以下特点。

(一) 人格的差异性

不同的消费者所体现的人格都有独自的个性倾向,体现出独特的精神面貌。个人的人格都是由不同的特质以不同方式组成的,没有任何两个个体的人格是完全一致的。有些人在某一些特质上相似,但在其他特质上会有所区别。比如有些人的人格中具有非常高的冒险倾向,就比较可能去购买一些全新的商品,而另外一些比较保守的人在面对全新商品的时候就会犹豫。

人格把我们每个人与他人区别出来,成为与众不同的个体。这些独特的人格反映了人与人之间的个体差异,也能够帮助药品营销人员对人群进行分类,使其在策划药品营销行为的时候,可以根据某类人格的特点进行针对性的策划。

(二) 人格的稳定性与延续性

每一个人的独特人格都有其稳定性和延续性。我们常说"三岁看老",指的便是如此,成年后比较有冒险倾向的人往往在幼年时期也会表现出大胆探索周围环境的倾向,而较为保守的人也往往拥有一个相对稳定的童年。当药品营销人员要解释或者预测某一类人群的消费行为时,这两个要点必须要注意。

当药品营销人员无法通过改变消费者的人格来成功营销时,他们可以转而找到最能影响目标消费群体的核心特质进行针对性的药品营销活动。

虽然消费者的人格是相对稳定的,但他们的消费行为往往因为不同的心理、社会、环境和情境因素而有所变化,特殊的需要、态度、群体压力等因素都有可能影响他们某一次具体的消费行为。人格只是影响消费行为的因素之一。

(三) 人格的可塑性

人格是在成长过程中个体内部心理过程和社会交互的结果,有一定的稳定性与延续性,但它并非是一成不变的。在人格形成的过程中,外界的信息与个人与生俱来的气质长期相互影响演变,并最终形成相对稳定的人格,但在这之后外界的影响并非被屏蔽,在一定条件下,这种影响与演变仍然在持续进行。如年龄的变化、客观环境的变化、主观努力或是重大生活事件的发生等,常常会促使个体的人格发生不同程度的改变。因此,在药品营销的过程中,营销者经常会分析、利用消费者不同的人格发展阶段,增加销售额甚至创造需求达到成功营销的目的。

(四)人格的整体性

指消费者主体的人格倾向、心理特征以及心理活动过程相互协调,有机地联合在一起,它是以一个整体表现在人的身上的。如多血质的人性格往往活泼开朗,其人际交往能力、应变能力都较强;黏液质的人性格往往沉稳内敛,在购买商品时也往往较为谨慎。

(五)人格的倾向性

指消费者主体在社会实践中,对现实事物的看法、态度和感情倾向,它既反映在消费者不同的购买需要和购买行为上,又体现在消费者之间能力、性格当中的差异。

(六)人格的自然性与社会性

人格形成发展受先天因素和后天环境的影响,是两者结合的产物,先天因素为人格发展画上了底色,而后天环境因素决定了人格的最终面貌。

三、消费者的人格特质与药品营销

1. 不同人格特质的消费者在需求和行为上有显著差异。通过分析消费者的人格特质,可以更好地预测他们的购买行为和决策过程,精准定位消费者需求,避免资源浪费。

2. 根据不同的人格特质,设计个性化的营销内容。选择适合不同人格特质的沟通方式和渠道,确保信息传递的有效性,提高营销内容的相关性和吸引力,增强消费者的参与感。

3. 根据目标消费者的人格特质,塑造品牌形象。通过品牌塑造,提高品牌在目标市场中的竞争力,增强品牌的长期价值,提升消费者对品牌的忠诚度。

4. 根据消费者的人格特质,提供个性化的消费者服务和支持。通过个性化服务,精准把握消费者需求,提高消费者满意度和服务质量。设计个性化的健康教育内容,提高健康教育的有效性和参与度。

点滴积累

1. 人格是一系列复杂的心理品质,具有跨时间、跨情境一致性的特点,对个体行为的特征性模式有独特的影响。
2. 人格具有以下六个特征:人格的差异性、人格的稳定性与延续性、人格的可塑性、人格的整体性、人格的倾向性、人格的自然性与社会性。

第二节　消费者的气质、性格与能力

一、消费者的气质与药品营销

(一) 气质概念

气质是心理活动表现在强度、速度、稳定性和指向性等方面的动力特征。这一概念与我们平时所说的"脾气""秉性"和"性情"相似。

这种心理活动的动力特征，主要包括以下几方面：一是心理活动的强度，如情绪的强弱、意志努力的程度；二是心理活动的速度，如知觉、思维、语言的速度；三是心理活动的稳定性，如注意、情绪的稳定性；四是心理活动的指向性，即心理活动是倾向于外部事物，从外界获得新印象，或指向个人的内心世界。

气质总是以同样的方式表现在各种心理活动中，人们气质的不同主要源于心理活动的动力特征上的差异，就此而言无所谓好坏，任何气质都有积极和消极两方面。气质类型并不能决定一个人的成就高低，也不决定一个人的智力发展水平，任何气质的人都能通过自身努力获得成功。但是气质会影响一个人的性格形成和对环境的适应，从而影响到一个人的健康。例如，日常生活中我们可以看到，有的人总是活泼好动，反应灵敏，有的人安静沉稳，反应迟缓；有的人不管做什么事情总显得十分急躁，而有的人做事总那么不紧不慢。

气质具有明显的先天性，受神经系统活动过程的特性所制约。气质与其他的心理特征相比较，更具有稳定性，正所谓"江山易改，禀性难移"即指气质的稳定性特点。但是，在社会环境和教育的影响下，在一定程度上会发生某些变化，只不过气质的这种改变相比其他的心理特征要困难、缓慢得多。

(二) 气质的分类

公元前 5 世纪的医生希波克拉底提出了气质的体液说。认为人体含有来自不同器官的四种基本的体液：血液、黏液、黄胆汁和黑胆汁，每种体液与一个特定的气质类型（一种情绪和行为的模式）相对应。公元 2 世纪，希腊内科医生盖伦认为，个体的气质是由体内何种体液占主导所决定的。他将希波克拉底的体液类型与人格气质作如下联系：

1. **黄胆汁**　胆汁质：易激怒，易兴奋。

2. **血液**　多血质：欢快，好动。

3. **黏液**　黏液质：缺乏感情的，行动迟缓的。

4. **黑胆汁**　抑郁质：悲伤，易哀愁。

1935 年，巴甫洛夫根据神经活动的强度、平衡性和灵活性，把动物和人类的高级神经活动类型划分为：兴奋型、活泼型、安静型和抑制型，相对应的气质类型就是胆汁质、多血质、黏液质和抑郁质。比如，神经活动的兴奋或抑制过程强，平衡，灵活，这种神经活动类型就称为"活泼型"，它所对应的气质类型就是"多血质"。高级神经活动的类型与气质类型的关系见表 3-1。

表 3-1　高级神经活动的类型与气质类型表

强度	平衡性	灵活性	神经活动类型	气质类型
强	不平衡		兴奋型	胆汁质
强	平衡	灵活	活泼型	多血质
强	平衡	惰性	安静型	黏液质
弱			抑制型	抑郁质

不同气质类型的人有各自的行为方式。

1. 胆汁质　胆汁质的人一般能忍受强的刺激,能坚持长时间的工作而不知疲倦,显得精力旺盛,行为外向,直爽热情,情绪易于冲动,但是心境变化剧烈,脾气暴躁,难以自我控制。

2. 多血质　多血质的人活泼好动,言语行为敏捷,反应机智灵敏,行为外向,容易适应环境的变化,善交际,容易接受新事物,但注意力易分散,兴趣多变,情绪不稳定。

3. 黏液质　黏液质的人沉静稳重,举止平和,忍耐性强,行为内向,不喜欢表现自己,但比较拘谨,循规蹈矩,缺乏创新精神。

4. 抑郁质　抑郁质的人敏感多疑,内心体验深刻,行为极端内向,胆小孤僻,郁郁寡欢,不善交际,做事认真,观察细致,但动作缓慢,防御反应明显。

以上气质类型的划分只是粗略的,事实上,生活中绝对属于某种气质类型的人并不多见,大多数人是以某种气质为主,兼具其他气质的混合类型。

(三) 消费者的气质与药品营销策略

消费者的气质在药品营销中扮演着重要角色,因为不同气质类型的消费者对营销信息的反应和决策方式各不相同。了解这些差异可以帮助医药企业制定更有针对性的营销策略,提高药品的接受度和销售量。以下是四种主要气质类型消费者的特点及相应的药品营销策略。

1. 胆汁质　果断、好斗、目标导向,倾向于快速决策,追求高效和结果,一旦决定购买了就不会轻易动摇。在购物中喜欢追求款式奇特、具有刺激性的流行商品,容易产生冲动型购买。可以在广告中突出药品的快速见效和明显疗效,强调其在改善健康方面的显著效果。使用简洁、直接、有力的广告语,快速传递关键信息,吸引胆汁质消费者的注意。提供限时优惠和促销活动,激发他们的购买欲望和决策。在购买过程中,如果让他们有过长时间的等待或是让他们感觉到自己被怠慢,他们会直接放弃购买或是激起烦躁的情绪甚至激烈的反应。因此,在接待过程中也必须态度和善,眼疾手快,及时应答。

2. 多血质　外向、活泼、乐观、善社交,易接受新事物,对广告和促销活动反应积极,但注意力易分散,兴趣、情感变化快。多血质类型消费者对购物环境适应能力强,乐于向营销人员咨询、攀谈所需商品,可通过情感丰富的广告和用户故事吸引多血质消费者的注意,强调药品带来的积极改变和健康生活。利用社交媒体平台举办互动活动,如直播、投票、抽奖等,增强品牌与消费者之间的互动。设计富有吸引力的广告和包装以吸引消费者的注意。多血质类型消费者由于购买目标易转移,营销人员在对待这类消费者时应注意以下两点:一是面对他们的咨询时,有问必答,做好释疑工作;二是在他们目标转移过程中,做好参谋工作,以增加顾客的好感。

3. 黏液质 冷静、稳定、内向，属理智型购买，注重安全性和可靠性。他们会提前对商品进行了解，因此不会作过多询问，也不会谈论与商品无关的话题。在面对这类消费者的时候，营销人员要避免过多的语言和过分的热情，允许他们独立思考和挑选，根据购买者需要提供详细的产品信息、科学数据和临床试验结果，强调药品的安全性和有效性。可邀请医学专家撰写推荐文章或参与广告宣传，提高药品的权威性和信誉度。展示用户的真实评价和反馈，来增强药品的可信度。

4. 抑郁质 谨慎、细致、忧虑，倾向于深思熟虑，注重产品的细节和长期效果。购买动作拘谨，有时对营销人员的介绍表示过多的附和与信赖，有时则对他人的介绍犹豫不决，甚至不信任，体现出谨慎型、敏感型的购物特点。面对这种类型的消费者，营销人员一是要有更多的耐心，允许客人反复挑选和决策，态度要更加温和、细致，可提供全面详细的药品信息，包括成分、使用方法、副作用和注意事项，满足他们对细节的需求，从而打消他们的顾虑。强调药品的长期疗效和健康收益，展示长期使用带来的积极变化。突出药品的安全性和质量保证，减轻他们对药品使用的担忧和顾虑。

课 堂 活 动

某药店效益不佳，店长观察到，营销人员在向顾客介绍产品时，沟通方式和推荐方法过于单一，无法满足不同类型顾客的需求，导致部分顾客流失。请思考如何根据顾客的不同气质类型制定个性化营销策略，提升药店效益并促进销售增长。

二、消费者的性格与药品营销

(一) 性格的概念

性格是人们对待客观事物稳定的态度和习惯化的行为方式，是人格中最主要、最核心的心理特征。性格是一种与社会最密切相关的人格特征，在性格中包含有许多社会道德含义。它表现了人们对现实和周围世界的态度，并表现在他的行为举止中。因此，通过分析消费者行为举止，就可大体了解消费者的性格，从而更好地指导药品营销活动的展开。

(二) 性格的特征

1. 性格的态度性 所谓态度，是一个人对人、对物或者思想观念的一种反应倾向，由后天习得。态度决定着行为方式，而人习惯化的行为方式，又体现了他对现实的态度。例如，消费者在消费观念上有节俭和奢华之分；在对商品的认知和选择上有全面准确和片面错误之分；在消费倾向上有求新和守旧之分；在购买行动上也会出现坚定、明确、积极主动，还是盲目、动摇、消极被动的差别。

2. 性格的稳定性和可塑性 性格不是一朝一夕形成的，而是在社会生活实践中逐渐形成的，一经形成就比较稳定，并在一个人的行动中留下痕迹。性格也不是一成不变的，它也是可塑的。

3. 性格的社会评价性 性格有明显的社会道德评价意义,直接反映一个人的道德风貌,换言之,性格具有好坏之分。如有人性格表现为自私、狭隘,有人善良、宽容。个体之间的差异主要表现为性格的差异。

(三) 性格与气质的关系

1. 区别 性格主要在社会实践中形成,是后天的,可能因为生活中的突发事件和重大挫折而改变,可塑性较大,在社会评价上有好坏之分;而气质是由神经活动类型特点所决定的,更多带有先天性,稳定性更强,可塑性小,甚至一生不变,在社会评价上无好坏之分。

2. 联系 从气质对性格的影响来看:第一,气质会影响个人性格的形成,如多血质的人更容易形成外向的性格,抑郁质的人更容易形成内向的性格;第二,气质可以按照自己的动力方式,渲染性格特征,使性格具有独特的色彩;第三,气质还会影响性格形成或改变的速度。从性格对气质的影响来看:性格在一定程度上可以掩盖或修饰气质,使它更适应于实践的要求。

(四) 消费者的性格与药品营销策略

消费者的性格在药品营销中起着关键作用,因为不同性格类型的消费者对信息的处理方式、购买决策和品牌忠诚度都有所不同。了解这些差异可以帮助医药企业制定更有针对性的营销策略,提高药品的接受度和销售量。以下是基于大五人格理论(大五人格特质维度:开放性、尽责性、外倾性、宜人性和神经质)所对应的消费者性格特点及相应的药品营销策略。

> **知识链接**

大五人格理论

大五人格理论(the big five personality traits)是心理学中描述和衡量个体性格特质的重要模型,由五个核心维度组成,每个维度均代表一组相关的性格特质。这五个维度分别是开放性(openness)、尽责性(conscientiousness)、外倾性(extraversion)、宜人性(agreeableness)和神经质(neuroticism)。这五个维度的首字母组成了"OCEAN",寓意"人格的海洋"。大五人格理论广泛应用于人力资源管理、心理咨询、市场营销和教育领域,用于分析个体行为、理解人格差异,并优化人际互动和决策过程。

1. 开放性 喜欢新奇、创意和多样性,富有想象力,偏好新事物,乐于尝试新产品和服务。可强调药品的创新技术、新成分或独特疗效,吸引开放性高的消费者。提供丰富的药品知识、研究背景和未来发展方向,满足他们的求知欲和好奇心。设计富有创意和吸引力的广告和包装,通过互动体验活动(如虚拟现实体验、在线互动)吸引他们的注意。

2. 尽责性 有责任心,组织性强,注重细节和规划,目标明确且具有坚持不懈的品质,倾向于理性决策和长期考虑。可提供详尽的药品信息,包括成分、使用方法、潜在副作用和临床试验数据,帮助他们作出理性决策。强调药品的长期疗效和健康收益,展示持续使用的好处。通过权威机构认证、专家推荐和用户评价,增强药品的可信度和可靠性。

3. 外倾性 外向、活泼、社交性强,喜欢与人互动,容易受到外部刺激的影响。可通过情感丰富的广告和用户故事,展示药品对生活质量的积极影响,激发他们的情感共鸣。利用社交媒体平台举办互动活动,如问答、投票、抽奖等,增强品牌与消费者之间的互动和参与感。举办健康讲座、免费体验活动和社区健康日，吸引外倾性高的消费者参与和互动。

4. **宜人性**　友善、合作、善解人意，待人随和，重视社会关系和他人意见。可展示真实用户的评价和成功故事，增强药品的可信度。创建在线社区和支持小组，为消费者提供交流和互助的平台，增强品牌忠诚度。与医生、药师和健康专家合作，通过他们的推荐和意见影响宜人性高的消费者。

5. **神经质**　情绪波动大，容易焦虑和担忧，倾向于寻求安全感和保障。可重点宣传药品的安全性和低副作用，提供详细的副作用管理信息和支持服务。通过情感广告和患者故事，减轻他们的焦虑和担忧，提供心理安慰和支持。突出药品的质量保证和安全认证，增加他们对药品的信任和安心感。

> **课 堂 活 动**
>
> 请思考，有哪些信息可以帮助营销人员判断消费者的性格进而因人制宜进行销售？

三、消费者的能力与药品营销

(一) 能力的概念

能力是指顺利、有效地完成某项活动所必需的心理特征。它有两层含义：其一，指已经表现出来的实际能力，通过已掌握的知识、技能等形式表现出来。例如，一门流利的外语，能熟练地操作电脑、开车等。其二，指潜在能力，即尚未表现出来的但通过学习、训练后可发展起来的能力。

人的能力是在活动中发展起来并在活动中得到体现的，所以，能力与活动紧密相连，相辅相成。消费者的购买能力要在具体的消费行为中才能体现出来。另外，从事任何活动都必须有一定的能力作为基础。营销人员书写海报，流畅的语言、书法功底以及对色彩的把握都是必不可少的能力。

要完成某种复杂的活动，需要几项能力相结合。多种能力的有机结合称为才能，才能的高度发展称为天才。天才并非天生，它是良好的天赋经过后天的艰苦努力逐渐发展起来的。

(二) 能力的分类

根据作用方式的不同，能力可分为一般能力和特殊能力。

1. **一般能力**　指个体顺利完成各种活动所必须具备的最基本的心理条件，通常指"智力"。例如，消费者在购买活动中必须具备的基本能力包括观察力、记忆力、注意力，以及抽象概括能力、想象力、创造力等。这些基本能力的高低会直接影响消费方式和效果。

> **知识链接**
>
> **智力与智商**
>
> 智力的高低可用智商 IQ 来表示，斯坦福 - 比奈智力量表用智商（IQ）＝ 智龄（MA）/ 实足年龄（CA）× 100 来测算智商，其中智龄是指在智力测验量表上与某一智力标准水平相当的年龄，如一个 8 岁儿童能完成 8 岁年龄组的测验项目，他的智龄就是 8 岁，一个孩子的智龄越大，智力发展水平就越好。不同智商水平的人在人口中所占百分比是不同的，具体如表 3-2 所示。

表 3-2　智商在人口中的分布

IQ	文字说明	百分比 %
139 以上	极优秀	1
120~139	优秀	11
110~119	中上	18
90~109	中等	46
80~89	中下	15
70~79	临界	6
70 以下	智力落后	3

2. 特殊能力　指从事某种专业活动或某种特殊领域的活动所表现出来的能力。在购买活动中这一部分能力是指消费者购买某些专业性较强的商品所具有的特殊能力,通常表现为以专业知识为基础的消费技能,如选择药品时应具有的医学知识等。对于消费者来说,对自身权益的保护能力也是应该具备的一种特殊能力,消费者为维护自身权益,应当懂法,学法,提高法律意识和自我保护能力。

消费者在购买活动中,两种能力共同发挥作用。

（三）能力发展的个体差异

1. 能力发展水平的差异　能力发展水平有高低的差异,但是,就全人类来说,能力的个体差异呈正态分布,即两头小,中间大。

2. 能力类型的差异　不同人在不同类型的能力方面所表现出来的差异也很大。有的人擅长想象,有的人擅长记忆,有的人对声音敏感,有的人对色彩敏感。

3. 能力表现早晚的差异　有的人能力发展较早,很小的时候就显露出非凡的才能。而另一种叫"大器晚成",即能力的充分发展在较晚的年龄才表现出来。

（四）消费者的能力与药品营销策略

消费者由于自身所具有的能力差异,必然会在购买决策和购买行为上表现出不同的特点。药品消费者的消费能力有高有低,这种差异会直接体现在购买行为上。比如,能力较强的消费者会表现出更多的独立性、自主性,在购买过程中显得自信和坚定,而且很少受到外界的蛊惑和干扰。能力比较缺乏、有关知识相对不足的消费者往往在作出购买决策时犹豫不决,容易受到干扰。所以他们需要专业人员的帮助和指导,而此时他们也比较乐于听取营销人员的介绍和宣传。

1. 充分自信型　这类消费者对要购买的药品有深入的了解,提前掌握了大量的药品资料或是有丰富的药品消费经验。这种消费者长时间关注这种药品,有浓厚的兴趣和更多的信任,或者本身就是医药行家,对药品功效很内行。或者是长期使用这种药品,对于这种药品非常熟悉。他们主动性很强,在购买时靠自己的能力对商品的价格、功能、质量等方面进行综合评价分析,对营销人员的推荐介绍比较冷漠,购买时显得冷静而自信。接待这一类型的顾客,营销人员要尊重他们自己的意见,或者提供一些技术性的专业资料,不必过多介绍和评论。这类顾客只需满足他们的要求,就会使他们满意而归。

2. 比较自信型　比较前一类消费者来说,这一类消费者虽然消费能力稍弱一些,但人数比例却要多一些。比较自信型的消费者对药品有一定的消费经验,但真正鉴定时没有太大的把握。他们会听取营销人员对药品的介绍、宣传和推荐,但并不完全听从,而是用自己的能力进行分析判断。接待此类顾客,营销人员需要多照顾一些,在服务中补充他们欠缺的部分知识,采用协商的态度帮助其挑选药品,服务得体。

3. 缺乏自信型　这种类型的消费者只具备少量有关药品的知识和信息,对药品的了解程度不深,而且消费经验较少,主要靠别人介绍或广告等宣传途径获得有关信息。这种消费者购物准备少,动机不明确,缺乏自信,不敢自主采取购买行为,易受购物场所各种因素影响,所以非常愿意而且容易接受营销人员的推荐和介绍,也愿意参照其他人的购买行为来作出判断。接待此类顾客,营销人员需要多照顾,耐心细致地介绍药品知识,帮助参谋挑选药品,服务得体。

4. 毫无主张型　这类消费者无明确购买目标,对自己所要购买的药品毫无认识,没有经验,在购买时不得要领,犹豫不决,希望营销人员多作介绍,详细解释。他们容易受广告、其他消费者和营销人员的影响,买后容易产生"后悔"心理,其消费行为带有很大的盲目性,常会作出错误的决策。针对这些顾客,营销人员要不怕麻烦,仔细了解顾客的需求,根据其实际需求实事求是地介绍药品。

以上几种类型都是相对而言的,每个人可能在某一方面或某类药品的消费时表现出充分的信心,而对另一类药品的购买却表现为缺乏自信,因此在分析消费者能力表现时应具体情况具体分析。

点滴积累

1. 气质是心理活动表现在强度、速度、稳定性和指向性等方面的动力特征。气质的体液说把气质分为胆汁质、多血质、黏液质、抑郁质。
2. 性格是人们对待客观事物稳定的态度和习惯化的行为方式。
3. 能力是指顺利、有效地完成某项活动所必需的心理特征,可分为一般能力和特殊能力两类。

第三节　消费者的自我意识

气质、性格和能力是消费者人格的综合体现,在此基础上,消费者会对自己产生各种印象,即自我意识。这些自我意识与人格密切相关,而个人往往倾向于购买与其自我意识对应的产品和服务。也就是说,消费者通过他们的购买选择来描画他们的形象。作为营销人员,需要对自我意识的构成以及如何利用甚至转换消费者的自我意识有所了解。

一、自我意识概述

(一)自我意识的定义

自我意识是指个人的主体自我对客体自我的整体看法和感觉,是个人在其生活环境中对人、对己、对事物交感互动时获得的综合体验。

消费者的自我意识具有多面性。因为同一个消费个体在不同场合,面对不同的对象,往往有着不同的行为。同一个人,作为孩子在父母面前可能是略带稚气的,作为下属在上司面前可能是勤奋能干的,作为上司在下属面前可能是严肃的,作为父母在孩子面前是温柔慈爱的等。营销人员可以利用这种自我意识的多面性,针对不同情境下产生的"自我"进行营销活动。

在同质化程度日益增强的市场环境下,消费者在进行购买决策时更多依赖于产品与自我意识之间的关联程度,而不仅仅是产品的功能性、物理特征。人们通过消费行为来满足自己的需要,对产品的效果进行体验和评价,自我意识在这些过程中发挥了重要的作用。消费者的自我意识不同,其表现在购买行为上的特点也不同。

(二)自我意识的结构

自我意识是一个具有多层次、多维度的复杂心理系统,可从不同角度对其进行分析。从自我观念这个角度,自我意识可分为现实自我、理想自我与投射自我。

1. **现实自我** 指一个人完全客观的、真实的自我本质。

2. **理想自我** 指人们希望自己成为的、目前尚未达到的另一种状态,是个体的追求目标。

3. **投射自我** 也叫镜中自我,是个体想象中他人对自己的看法和评价,如想象自己在他人心中的形象或是评价。

这三个方面并不完全独立,如现实自我的塑造和形成实际上包含有理想自我、投射自我等内容。同时,这三个方面的自我在性质上不会完全相同,甚至会出现矛盾或完全对立的性质。而不同自我之间的区别,给"真实自我"带来了一个改变的机会,这个机会往往就是营销者在设计和改进产品时的参考。

二、自我意识对消费方式的影响

在现实生活中,人们的自我意识和自己的消费行为往往是统一的,特别是自我印象在消费行为中起着重要的作用。消费者常常通过购买商品和消费行为来表达自我意识。消费者一旦形成了某种自我意识,就会在这种自我意识支配之下产生一定的购买行为和消费行为。

(一)自我意识影响人们对商品价格的认知和接受程度

一般收入不太高的消费者,或者具有勤俭节约传统的消费者,都希望购买到价格合适又适用的商品,并希望少花钱多办事。因此,他们对商品的价格特别敏感,可能在同类商品中专门选购价格较低者。在消费者的自我意识中,商品价格与个人社会地位,社会角色,个人愿望、情感、理想和追求等有密切的联系。购买不同价格、不同档次的商品与消费者不同的自我意识是统一的、一致的。

(二) 自我意识影响消费者对商品种类和购买地点的选择

某些消费者希望通过消费来彰显自己的社会地位,如在选择保健食品时往往选择价格高昂、著名品牌的保健食品。这类消费者往往不愿意选择小店或是不知名品牌来购买,认为这种消费方式有失身份。

(三) 自我意识影响消费者对广告的接受程度

按照自我意识的鲜明性和独立性程度,可以把消费者分为两类:一类属于自我意识鲜明、独立性强的消费者;一类是自我意识较模糊、依赖性较强的消费者。前一类消费者很少受广告宣传和社会潮流的影响,自我的独立性强,往往按照自己的标准进行购物和消费,很少顾及别人如何评价,也不追求如何迎合别人的心理。后一类消费者由于自我的独立性差,往往随大流,易受广告宣传和社会流行观念的左右。

(四) 自我意识会帮助消费者自我改变

有时候消费者希望通过消费某些产品使自己更趋近于理想中更好的自己。在药品营销行业中,保健食品、减肥类产品等多种消费都让消费者获得了这个机会来改变自己的外表,进而改变他们在他人眼中的"自我"。比如减肥产品的电视广告常常选择年轻、身材纤细、面容姣好的女性作为形象代言人,让目标消费者产生"只要使用了这种产品,我就能成为那样美丽的女性"的印象,达到营销的目的。而保健食品电视广告则常常选择年纪较大,但面色红润、身手矫健的形象来让目标消费者产生"只要使用了这种产品,我也能击败衰老"的印象,同样能产生很好的营销效果。这些都是迎合了目标消费者"变得更美""变得更加健康"的需要。

三、自我意识与药品营销

基于对消费者自我意识的理解,通过市场调研和数据分析,医药企业可以识别不同消费者群体的需求差异,制定个性化的营销策略,提供定制化的产品和服务,满足消费者的个性化需求。

(一) 自我意识与药品的象征性

1. 象征性的含义 所谓象征性,是指客体的物质属性与所体现出的精神属性有一定的相关性、相似性。产品的象征性,即一个产品或品牌对于消费者来说它所代表或表达的自我意义。

这种象征性可以分为有形的和无形的。有形的特征主要表现在品牌或者产品的外观,是消费者可真实感受到的、体验到的功能性特征。而无形的特征更多指的是品牌为消费者带来的如社会地位的体现、稳定关系群的体现或者是品牌背后所代表的文化。不同的药品会给消费者带来不同的心理和情感意义。理解并利用药品的象征性可以帮助医药企业制定更有针对性的营销策略,吸引不同类型的消费。

2. 药品象征性在自我意识中的体现

(1)药品的健康象征:许多消费者希望通过使用药品来彰显自己对健康的重视和管理。可以在广告和包装中突出药品与健康生活方式的联系,使用健康、活力和积极向上的形象,帮助消费者感受到使用药品是他们健康生活的一部分。提供关于健康管理的教育内容,如健康饮食、运动指南和预防保健知识,分享使用药品后健康得到显著改善的真实案例,通过视频和文章传递积极的健康形象。

(2)药品的安全象征:消费者通过选择某些药品来寻求安全感和保障,特别是那些有焦虑倾向或安全需求高的消费者。可以在宣传材料中强调药品的安全性,提供详细的安全认证和临床试验数据。通过权威医疗机构和专家的推荐,增强药品的安全象征。展示大量正面的用户评价和反馈,增加药品的可信度和安全感。

(3)药品的现代化象征:一些消费者选择药品是为了彰显自己与现代技术和科学的联系,特别是那些开放性高、追求新奇和创新的消费者。突出药品在研发和生产过程中采用的最新科技和创新成分。采用时尚、简洁、现代的包装设计,吸引注重外观和时尚感的消费者。利用移动应用、虚拟现实体验和在线互动活动,增强消费者的参与感和现代感。

(4)药品的社会地位象征:有些消费者希望通过使用某些药品来展示他们的社会地位,特别是那些外向性高、形象意识强的消费者。打造高端、专业的品牌形象,通过精美的包装和高质量的宣传材料增强品牌的吸引力。利用名人或有影响力的公众人物进行代言,提升药品的象征价值和市场吸引力。如在高档场合和社交活动中推广药品,如健康讲座、慈善晚会和高端健身俱乐部等。

(5)药品的自我提升象征:许多消费者希望通过药品来实现自我提升和个人价值的提高,特别是那些尽责性高、自我提升意识强的消费者。强调药品在提高生活质量、增强身体素质和改善心理状态方面的作用。提供个性化的健康管理服务,如健康监测设备、个性化咨询和定制化健康计划,帮助消费者实现自我提升目标。举办健康讲座、在线课程和互动活动,帮助消费者获取更多的健康知识和技能,提升自我价值感。

(二) 自我意识在药品营销中的应用

自我意识在药品营销中起着重要作用,因为消费者的自我认知和自我形象会显著影响他们对药品的接受程度和购买决策。了解并利用消费者的自我意识可以帮助医药企业制定更有针对性的营销策略,提升药品的市场表现。

1. 针对健康意识高的消费者 这些消费者高度关注自己的健康状态,愿意主动获取健康信息并采取预防措施。提供丰富的健康教育内容,如开通公众号、线上科普直播、拍摄科普短视频、开展网络研讨会等,帮助他们了解疾病预防和管理的重要性。展示药品研发的科学依据和临床试验数据,强调其在改善健康方面的有效性。提供个性化的健康管理方案,如移动应用、健康监测设备和个性化建议,帮助他们更好地管理健康。

2. 针对形象意识高的消费者 这些消费者非常重视自己的外在形象和社会地位,倾向于选择能提升自我形象的产品。打造高端、专业的品牌形象,通过精美的包装和高质量的宣传材料吸引这些消费者。利用名人或有影响力的公众人物进行代言,提升品牌的知名度,增强药品的吸引力和可信度。通过患者故事和生活场景广告等,展示药品对改善生活质量和提升自我形象的积极影响。

3. 针对责任意识高的消费者 这些消费者责任感强,重视家庭和社会责任,倾向于选择对自己和家人有益的产品。强调药品对家庭健康的益处,通过广告和宣传材料展示药品如何帮助家庭成员保持健康。通过支持公益事业和社区活动,展示企业的社会责任感,增强品牌的亲和力和信誉度。提供透明的信息和可靠的服务,建立消费者对品牌的信任和忠诚度。

4. 针对焦虑和安全需求高的消费者 这些消费者容易焦虑,强烈渴望安全感,倾向于选择可靠和安全的产品。在宣传材料中突出药品的安全性,提供详细的副作用管理信息和支持服务。邀请权威医疗机构和专家进行专业支持或认证,通过他们的推荐提高药品的可信度。通过情感广告和患者故事,减轻他们的焦虑和担忧,提供心理安慰和支持。

5. 针对自我提升意识高的消费者 这些消费者渴望提升自我价值和能力,愿意投资于自我发展和健康改善。强调药品在提高生活质量、增强身体素质和改善心理状态方面的作用。分享真实患者使用药品后取得的成功和改善,通过视频、文章和社交媒体传播,增强药品的吸引力。举办健康讲座、在线课程和互动活动,帮助他们获取更多的健康知识和技能,提升自我价值感。

课 堂 活 动

一家医药企业推出了一款新型非处方皮肤用乳膏剂,旨在帮助用户改善皮肤干燥皲裂,提升肌肤健康水平。为了在市场中脱颖而出,决定采用自我意识营销策略,针对不同自我意识类型的消费者进行精准营销。请帮助这家企业策划营销策略。

点滴积累

1. 自我意识是指个人的主体自我对客体自我的整体看法和感觉,包括现实自我、理想自我、投射自我。
2. 产品的象征性是一个产品或品牌对于消费者来说它所代表或表达的自我意义。

ER 3-2

第三章
消费者的人格与药品营销(习题)

目标检测

1. 人格的基本特征包括哪些?
2. 气质的体液说将气质分成了哪几个类型?
3. 自我意识对消费方式产生了哪些影响?

(刘 锐)

第四章　消费者的购买决策过程与药品营销

ER 4-1

第四章
消费者的购
买决策过程
与药品营销
（课件）

学习目标

1. **掌握**　消费者的购买需要、购买动机和购买行为的定义和分类。
2. **熟悉**　购买行为的影响因素,消费者复购行为、替代行为的定义和类型。
3. **了解**　消费者的购买需要、购买行为和购后行为对药品营销策略的影响。

导学情景

情景描述:

　　某患者刚经历手术,正处于术后康复期,医生建议补充蛋白质,以提高身体抵抗力,患者儿子于是来药店购买蛋白质粉,药店营业员热情接待了该顾客,详细了解了该顾客的需要,随后向该顾客推荐了 X 牌蛋白粉产品。该顾客对 X 牌蛋白粉的成分中一些专业术语不太熟悉,营业员向该顾客提供了产品宣传资料,并拿 X 牌蛋白粉与货架上的其他蛋白粉进行了客观对比,还就专业术语进行了通俗易懂的解读。该顾客了解到,X 牌蛋白粉结合了多种营养成分,非常适合自己父亲当前的康复需求。该顾客还在营业员的引导下上网查询了 X 牌蛋白粉公司的背景信息。经过比较和深入了解,该顾客最终决定购买这款蛋白粉。该顾客对产品和营业员的接待均十分满意,打算向父亲同病房的病友推荐购买这家药店的 X 牌蛋白粉。

学前导语:

　　上述案例中,营业员通过问询了解药品消费者的需要,通过专业介绍、提供资料、进行对比激发药品消费者的购买动机,通过热情接待增加药品消费者的满意度,通过综合服务强化了药品消费者复购行为的概率。

　　本章主要讲述药品消费者的购买决策与购买行为,包括需要、动机、购买决策过程、购买行为的分类、购买行为影响因素、复购和替代行为等。

第一节　消费者的购买需要

一、消费者的购买需要概述

(一) 需要的概念

需要是指人类在生理、心理或社会方面的某种欠缺状态,或为达到某种目的而必须得到满足的愿望或要求。需要是驱动人们采取行动的重要因素,因为人们通常会为了满足自己的需要而付出努力。

消费者的购买需要是指消费者在购买商品或服务时所期望满足的特定需求或欲望。在药品营销活动中,深入理解药品消费者的需要,激发其购买动机以及优化其购买过程体验,对于提升销售业绩和扩大市场份额具有关键作用。

(二) 需要的分类

1. 按需要的对象划分

(1)物质需要:是指人们为了维持生命活动和身体健康所必需的物质条件和资源的需求。这些需求通常与人的生理功能相关,包括但不限于食物、水、衣物、住所、医疗保健等。物质需要是人类生存和发展的基础,满足这些需要是保障个体健康和社会稳定的前提。

(2)精神需要:是指人们在社会生活中追求心理满足和情感交流的需求。这些需求涉及人的情感、认知、归属感、尊重、自我实现等方面。精神需要的满足有助于提升个体的幸福感和社会适应能力。

物质需要是基础,而精神需要则是人类追求更高层次生活质量的动力。两者相辅相成,共同促进了个体的全面发展和社会的和谐进步。

2. 按形成的时间顺序划分

(1)先天需要:也被称作本能需要,是个体通过遗传获得的基本生存需要。这些需要包括但不限于饥饿时对食物的渴望、寒冷时对衣物的寻求、疲倦时对睡眠的需要,以及成年个体对性行为的欲望。这类需要具有普遍性,是所有人类共有的。

在药品消费中,先天需要通常表现为人们为了满足基本生理健康需求而购买和使用药品。这些需求包括购买药品来治疗或控制病情,接种疫苗来预防传染病,补充必需的维生素和矿物质以保持身体健康。这些需求是普遍存在的,并且通常是由内在的生理机制驱动的。

(2)后天需要:是个体在出生后,在特定社会文化环境中逐渐形成的,它们带有鲜明的社会特征。这些需要包括对社交的渴望、对荣誉的追求、自我尊重、自我表现、理想追求、道德修养的完善,以及对美的欣赏等。后天需要的形成依赖于个体在社会环境中的学习、模仿和经验积累。

在药品消费中,后天需要与个人的社会文化背景、教育、个人经历和市场环境等因素有关。例如,一个人可能因为先天的生理需要(如治疗高血压)而购买药品,而后天的社会文化因素(对健康生活方式的追求)可能会促使他们购买更多的保健食品或参与健康检查。

3. 马斯洛的需要层次理论　马斯洛将人类的需要分为五个层次,从低到高依次为生理的需要、安全的需要、归属和爱的需要、尊重的需要和自我实现的需要(图 4-1)。

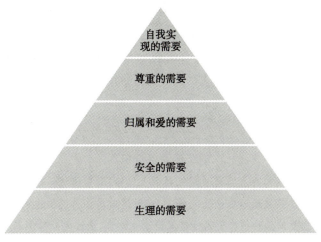

图 4-1　马斯洛需要层次理论

(1)生理的需要:基本的生存需要,如食物、水、空气、睡眠等。

(2)安全的需要:包括人身安全、健康保障、经济安全和稳定性。

(3)归属和爱的需要:涉及与他人的关系,如友情、爱情、社交和归属感。

(4)尊重的需要:包括自尊、成就感、地位、声望和被他人尊重。

(5)自我实现的需要:实现个人潜力和自我发展的需要,如创造力、个人成长和实现理想。

马斯洛的需要层次理论提供了一个分析药品消费行为的框架,在实际应用中,可以根据不同的需要层次来预测和分析人们的药品消费行为,并制定相应的营销策略和服务措施。例如,对于生理和安全需要较高的消费者,可以提供高效且针对性强的药品和健康咨询服务;而对于社交和尊重需要较高的消费者,可以提供个性化的服务和优质的客户体验,以满足他们的需要并建立信任和忠诚度。

二、药品消费者的购买需要与药品营销

(一) 突发性需要

这是医药市场中比较多的一种需要。由于疾病的发作一般情况下都是没有规律的,所以对药品的需要不具备预见性和预期性,只有生病后,才会产生购买药品的突发性需要。针对药品的突发性购买需求,营销策略需要快速、有效地影响消费者的购买决策,通过社交媒体和客户服务渠道快速响应消费者的紧急询问和需求,确保他们在需要时能够选择并购买需要的产品,在紧急健康事件或季节性高发期(如流感季节)前,确保库存充足,避免断货。

(二) 经常性需要

这种需要多由慢性疾病引起,药品消费者对这类疾病的药品品牌、效能、价格都非常熟悉,一般不需花时间考虑。对经常性需要的药品进行营销时,目标是增加消费者的重复购买率和品牌忠诚度,医药企业应加强与此类消费者的沟通,保证产品的高质量、合理价格、稳定供货,确保药品在实

体店和线上平台均可购买。

(三) 潜在性需要

消费者本身已经存在某种病症,但由于一些原因没有发现,如消费者没有体检前并不知道自己患病,而体检后知道了,其实这种需要是存在的,不过需要帮助才能发现。针对这种潜在的消费者需求,营销策略需要重点放在消费者教育和引导上,以帮助他们意识到潜在的健康问题和相应的解决方案。

案例分析

创新药物组合 SLD

案例:哮喘和慢性阻塞性肺疾病患者常需长期依赖吸入器治疗,但传统治疗方案涉及多种药物,复杂的剂量和频繁的使用频率,常导致患者依从性较差,影响治疗效果。为解决这一问题,某医药企业开发了复合药物 SLD,将长效 β 受体激动剂与吸入性糖皮质激素结合,通过单一吸入器实现联合给药。同时推出的 DK 干粉吸入器,以便携性、操作简便性和剂量准确性为特点,大幅提升了患者的用药体验。

为推动 SLD 和 DK 吸入器的市场推广,该公司采用了多元化的营销策略,包括专业渠道推广、数字营销、患者教育和体验营销等方面。凭借创新的药物组合、优化的使用方式,以及精准的市场营销推广策略,SLD 迅速成为治疗哮喘和慢性阻塞性肺疾病的主流药物之一。

分析:SLD 的成功表明,通过深入理解和满足消费者需求,医药企业可以开发出更具市场竞争力的产品,并为患者提供更好的治疗体验。这一案例强调了消费者需求在药品开发和营销中的重要性,以及通过创新来实现患者利益和商业成功的双重目标。

点滴积累

1. 消费者的购买需要是指消费者在购买商品或服务时所期望满足的特定需求或欲望。
2. 马斯洛将人类的需要分为五个层次,从低到高依次为为生理的需要、安全的需要、归属和爱的需要、尊重的需要和自我实现的需要。马斯洛的需要层次理论提供了一个分析药品消费行为的有力工具。
3. 药品消费者的购买需要包括突发性需要、经常性需要、潜在性需要。

第二节　消费者的购买动机

一、消费者的购买动机概述

(一) 动机的概念

动机是引起和维持个体的活动,并使活动朝着一定目标的内部心理动力。动机是在需要的基础上产生的。当某种需要没有得到满足时,它就会推动人们去寻找满足需要的对象,从而产生动机。

消费者的购买动机是消费者朝着购买商品目标的内部心理动力,是消费者购买并消费商品时最直接的原因和动力。

(二)动机和需要的区别

消费者的购买动机和消费者的购买需要对比而言,根本区别在动力强度,动机的动力强度更强、更明显。需要仅仅是一种心理倾向性的反映,而动机是行为之前的直接推动力。比如人们为了健康而购买按摩椅,在购买需要阶段仅仅是观念上意识到了按摩椅对于健康的重要性,是一种初步的想法,并不伴随具体的行动。到了消费者的购买动机阶段,就会体验按摩椅的按摩力度、按摩频率、按摩部位、按摩时间,甚至会较为深入地了解按摩椅的气囊数、材质、基本功能、重量、机芯等产品参数。总之,消费者的购买动机将消费者的需要行为化,人们的需要是购买产品的必要条件,而人们受购买动机驱动才会选择具体的产品。

(三)动机的分类

动机的分类可以根据不同的理论和视角进行划分。

1. 生理性动机和社会性动机 根据动机的内容,可以分为生理性动机和社会性动机。生理性动机也称驱力,是以有机体自身的生物学需要为基础,如饥、渴、疼痛、睡眠、排泄等动机,都是生理性动机。生理性动机推动人们的活动去满足个体的某种生物性需要。社会性动机是指个体在社会环境中与他人互动、建立关系和满足社会需求的动机。如与人交往的需要、成就的需要、求知的需要等,因而产生了相应的交往动机、成就动机、学习动机等。

2. 有意识动机和无意识动机 根据动机的意识水平,可以分为有意识动机和无意识动机。人的动机有一部分发生在意识的水平上,即人能意识到自己的行为动机是什么,也能意识到自己的行为目标是什么。人的动机有一部分发生在无意识的水平上。例如,消费者看到排队购买商品的现象会下意识产生从众心理也参与到排队中,而这是在低风险意识的支配下产生的行为。

3. 外在动机和内在动机 根据动机的来源,可分为外在动机和内在动机。外在动机是指人在外界的要求与外力的作用下所产生的行为动机。如学生为了通过考核与避免惩罚而学习。内在动机是由个体内在需要激发的动机。如学生认识到加强技能操作能力对就业的意义而积极主动地实践、练习。

4. 基本动机和主导动机 根据人们购买商品时动机的普适性和特殊性,可以分为基本动机和主导动机。人们购买消费商品时最基本并且普遍存在的原因和动力,称为基本动机。比如消费者购买药品的最终目的是满足缓解疾病症状、恢复健康状态的需要,这种动机属于基本动机。人们购买消费某种商品时,引起人们购买或消费的最主要、最直接的原因和动力,称为主导动机。消费者的主导动机,必然与商品的具体特性相联系。

(四)动机冲突

动机冲突是指个体在面对多个相互矛盾或不兼容的动机时所经历的心理冲突和紧张状态。这种冲突可能导致决策困难和行为迟疑,因为不同动机的需求和目标可能相互对立或难以同时满足。

1. 双趋冲突　当两种或两种以上目标同时吸引着人们,但只能选择其中一种目标时,就产生了双趋冲突,即"鱼与熊掌不可兼得"。

2. 双避冲突　当两种或两种以上的目标都是人们努力回避的事物,而只能回避其中一种目标时,就产生了双避冲突。

3. 趋避冲突　同一物体对人们既有吸引力想要接近它,又有排斥力想要避开它,从而引起内心的冲突。

4. 双重或多重趋避冲突　人们的趋避冲突往往会有比较复杂的形式,即人们面对着两个或两个以上的目标,而每个目标又分别具有吸引力和排斥力两方面作用,人们无法简单地选择一个目标而拒绝另一个目标,必须进行双重或多重的选择。由此引起的冲突叫双重或多重趋避式冲突。如临床上对某一种疾病有两种治疗方案,一种风险高,疗效显著,另一种风险低,疗效不显著,选择哪种治疗方案需要多方考虑利弊、得失,对于患者或患者家属来说就产生了双重趋避冲突。

二、消费者的购买动机与药品营销

药品营销领域中,消费者的购买行为受多种动机的驱动,购买动机是药品营销策略制定的核心依据。

(一) 健康和治疗动机

1. 消费者购买药品以治疗疾病,缓解症状或预防健康问题,可提供详细的产品说明书,解释药品的作用机制和预期效果。在广告中突出药品的临床试验结果和医学研究,以证明其有效性。

2. 与医生、药师和医疗机构合作,请专家分享药品的使用案例和效果,利用他们的专业推荐来增强药品的可信度。

3. 利用社交媒体平台发布健康小贴士和用药指南,开展社区健康教育项目,向公众普及相关疾病知识和药品使用信息,帮助消费者更好地管理健康。

(二) 安全和信任动机

1. 利用品牌的声誉和长期积累的消费者信任来支持产品,强调品牌的历史和药品的研发背景,使用真实消费者的正面反馈和使用体验来增强信任感。

2. 在药品包装和广告中突出产品获得的质量认证和标准,提供全面的安全使用指南和可能的副作用信息,让消费者感到安心。提供详细的药品成分和生产过程信息,以增强消费者对产品安全性的信心。

(三) 便利性动机

1. 扩展销售渠道,通过药店、在线平台提供便捷的购买选项和快速的结账通道,提升消费者的购物体验,满足消费者的便利需求。

2. 通过视频教程指导消费者正确使用药品,针对不同群体(如儿童、老年人、慢性疾病患者等)制作个性化用药指导。

第三节　消费者的购买行为

一、消费者的购买行为概述

消费者的购买行为是指消费者在选择、购买、使用和处理产品或服务过程中所表现出的各种活动和决策。这种行为受到多种因素的影响,包括个人需求、文化背景、社会环境、心理因素以及市场营销策略。

药品消费者的购买行为指的是消费者在选择、购买、使用和处理药品过程中所表现出的各种活动和决策。药品购买行为具有独特的特点,因为药品不仅是商品,还与消费者的健康和生命质量密切相关。

(一) 药品购买行为的特点

1. 药品购买有更强的非自主性　在处方药的使用过程中,药品的选择权和使用权是分离的。医生拥有为患者选择合适药品的权力,但自己并不使用;患者有权使用药品,但在种类和用量上通常无法自行决定,这主要依赖于医生的指导。

即便是非处方药,由于大多数消费者缺乏医疗和医药产品的专业知识,他们在药品的选择、数量和使用方式上往往需要依赖医生、执业药师或药店工作人员的建议,这使得药品消费具有明显的非自主性特征。

2. 药品购买更注重安全性　药品作为一种特殊的消费品,其选择和使用远比一般商品更为谨慎。错误的用药不仅可能带来健康风险,还可能危及生命安全。药品的剂量有严格规定,不足或过量都可能导致严重后果。因此,消费者在选择药品时会格外关注其安全性,并会按照医药专业人员的建议,对药品的种类和用量进行严格把控。

3. 药品购买具有急迫性　药品消费者在面临健康问题,尤其是疾病困扰时,对恢复健康的渴望极为迫切。他们追求迅速而果断地采取药品消费措施,以期尽快改善健康状况。

医院设有"急诊",以满足人们的紧急医疗和药品消费需求。药店大多会推出夜间售药服务,以确保药品消费者能够在任何时间获取所需药品。药品生产企业的药品商品名,基于药品的药理学基础,倾向于使用"快""速""急"等字,以吸引消费者的注意力,满足他们对药品迅速生效的期望。

(二) 药品购买行为的类型

由于受到购买者的经济收入、受教育程度、专业知识、个性、地点、时间等因素的影响,药品消费者在购买药品时的行为并不是完全一致的。根据购买者的特性,药品消费者购买行为一般可分为六种类型。

1. **习惯型购买** 这类药品消费者要么具备一定的药品知识,要么属于久病成医者,因而往往忠诚于一种或数种老牌、名牌药品,习惯于购买自己熟知的常用的药品,不轻易购买别种同类药品。他们对新药不会贸然尝试购买,属于保守型的购买者。

2. **理智型购买** 这类药品消费者或者在实际购买前事先对自己所要购买的药品经过较周密的考虑和反复的比较,或者具备相应的医学和药学专业知识,自己可以很快决策。所以在购买时早已胸有成竹,购买目标相当明确,显得特别理智。

3. **经济型购买** 这类药品消费者由于经济条件的限制,因而特别重视价格,对药品价格非常敏感,价格低效果也不错的药品对于他们最有吸引力。

4. **寻导型购买** 这类药品消费者一般购买的方向明确,但又没有明确的购买品种。由于缺乏应有的医药学知识,而又无必要咨询医生,这类药品消费者在购买过程中容易也愿意受药品广告、药品包装说明书或促销人员的诱导而购买某种药品。

5. **躲闪型购买** 这类药品消费者由于患有一些难以启齿或隐私型疾病,在购买药品时有躲闪、说话吞吞吐吐等不自在行为。

6. **随意浏览型购买** 这类药品消费者由于被药店形象吸引或其他原因进入了药店,于是随意转转顺便购买一些家中常备的非处方药。

对药品消费者购买行为进行分类,是为了在医药营销工作中(特别是药店零售工作中),针对不同类型的药品消费者采取相应适当的服务方式。对习惯型购买、理智型购买不应过多推荐其他品种药品以免引起反感,而以准确的导购服务为主。对经济型购买,则注意推荐低价且效果不错的药品。对于躲闪型购买则令其放松,不要有过多的询问和特别的关注,否则会更令其不舒服,甚至吓跑顾客。对于寻导型购买、随意浏览型购买则应提供热情的咨询、适当的推荐服务。

(三) 药品购买行为的影响因素

影响药品消费者购买行为的因素比较多,主要有以下几个方面:

1. **病情因素** 这种因素是根本决定性的,绝不会因营销人员的提示和诱导而改变。药店药师能做的就是审方给药,指明药品所在位置,或者依据病情推荐治疗该疾病的药品。

2. **他人影响因素** 药品是易受他人影响的消费品。药品消费的影响者包括医生、药店药师、医药广告中的名人等。

3. **经济因素** 经济状况的好坏,影响着药品消费者需要的满足。经济状况好的,能买得起好药,是医疗产品的主要需求者。经济状况差的,只能买一些低价药品,而一旦药品支出超过了家庭的承受能力,尽管事关自己的健康和性命,他们也没能力购买其他他们想要的药品。近几年来,人民政府提供了很多补贴,推行城镇普通居民医疗保险和农村合作医疗保险,使全国的医药需求一下子猛增了很多,对人民有益,对经济有利。医药企业应抓住这一有利时机重新进行市场细分,向药品消费者提供质量更高、价格更低、数量更实的医疗产品。

4. **相关产品因素** 药品消费品的相关产品主要是替代品,治疗同种病症的药品有很多种,同种成分不同剂型的药品也有很多种,同种通用名不同商品名的药品还有很多种,同种通用名不同包装规格、不同价格的药品依然有很多种,医药企业不能把药品竞争限制在剂型竞争、包装竞争、价格竞争等低层次领域,而应加大新药研发力度,为药品消费者提供更有实质内涵的选择。

5. 文化因素 不同文化对健康和疾病的理解和态度会影响消费者对药品的接受度和使用方式,如部分消费者倾向于使用传统药物,而对现代药物持谨慎态度。

二、5W1H 分析技术在药品营销中的应用

5W1H 分析技术是一种常用的分析工具,通过回答六个基本问题:Who、What、When、Where、Why 和 How,帮助企业更好地理解和分析市场、产品和消费者行为。在药品营销中,5W1H 分析技术可以应用于多个方面,以制定更有效的营销策略。

(一) Who（购买者）

了解药品的购买者是医药企业进行市场分析的基础,这里的购买者包含实施购买行为者、决策者和使用者这一广义内涵。从购买者的角度分析购买行为应分析购买者的年龄、收入、职业、地区分布等特征。

(二) What（购买什么）

帮助消费者明确药品的特性、功效、成分及其对消费者健康问题的解决方案。分析市场上的竞争产品,确定药品的独特卖点和竞争优势。

(三) When（购买时间）

考虑季节或特定时期对药品需求的影响,如感冒药在冬季的需求增加。选择合适的产品发布和促销时间,考虑市场动向和消费者行为趋势。

(四) Where（购买地点）

药品消费者的购买地点包括医院、药房、电商平台等。分析不同渠道的优劣势及其对目标客户的吸引力,识别区域市场需求和偏好,研究消费者的购买地点偏好,并据此优化药店选址和经营策略。

(五) Why（购买原因）

药品消费者的购买原因最核心的是治疗疾病,医药企业应了解消费者的购买目的,提升药学服务人员综合素质,提供针对性的药品推荐和简化购买流程,确保问病荐药对症有效。

(六) How（购买方式）

购买方式即消费者怎样购买。药品消费者的购买过程通常紧凑,从需求产生到购买决策迅速。企业应提供便捷的购买渠道和服务,如医保支付、用药咨询和满意度反馈。

点滴积累

1. 药品营销决策应以对消费者行为的研究为依据。
2. 药品消费者购买行为分为六种类型:习惯型、理智型、经济型、寻导型、躲闪型、随意浏览型。
3. 药品消费者购买行为的影响因素:病情因素、他人影响因素、经济因素、相关产品因素、文化因素。
4. 药品消费者购买行为分析借助 5W1H 分析法。

第四节　消费者的购后行为

一、消费者的购后行为概述

(一)购后行为含义

药品消费者的购后行为指的是消费者在购买和使用药品后的各种反应和行为。这些行为反映了消费者对产品或服务的满意度、使用体验,以及他们是否会继续购买或推荐给他人。

(二)购后行为研究的重要意义

药品购后行为研究不仅对消费者个人健康有直接影响,也对整个医疗行业和市场发展具有重要意义。通过深入的研究,相关方可以采取更有针对性的措施来改善药品使用情况和提升公众健康水平。

1. 消费者健康和安全研究　药品购后行为研究可以帮助识别消费者使用药品的情况。通过了解消费者在购药后的使用习惯、依从性和认知,可以帮助提高药品的使用效果,减少因误用或不当使用而导致的健康风险。

2. 提升药品市场竞争力　药品购后行为研究可以为医药企业提供消费者偏好和使用趋势的宝贵信息。这些信息可以帮助企业改进产品设计,制定市场策略,从而提升市场竞争力。

3. 改进产品和服务　通过了解消费者在购药后的反馈和行为,医药企业可以对药品和相关服务进行改进。例如,发现某些药品包装不便于使用时,企业可以优化包装设计以提升用户体验。

4. 对政策和监管的意义　药品购后行为研究能够为政策制定者提供实际的数据支持,以制定更合理的药品管理政策和法规。这有助于确保药品市场的规范化发展,保护消费者权益。

5. 促进健康教育　了解购后行为可以帮助制定更有效的健康教育和宣传策略,提高公众对药品的正确认识和使用能力。

6. 增强品牌忠诚度　通过积极的购后跟进和服务,企业可以提升消费者对品牌的忠诚度,建立良好的品牌形象。

(三)购后行为主要内容

1. 产品使用与体验　消费者购买商品后,一般都会及时使用产品,尤其药品,并检验其效果是否与宣传或说明一致。使用过程中,消费者会形成对产品功效、品质等方面的直观感受。

2. 购后评价　基于上述使用体验产生对该产品满意或不满意的综合评价。

3. 口碑传播　综合评价满意的消费者倾向于向亲朋好友推荐产品,形成正面口碑效应。综合评价不满意的消费者可能通过多种渠道表达不满,传播负面信息。

4. 购后反馈、投诉与退换货　对产品不满意时,消费者可能会先向企业反馈情况,沟通不畅则选择投诉、退换货。个别对产品十分满意的顾客也会将正面信息反馈给企业。

5. 复购行为与替代行为　对产品满意的顾客可能会再次购买该品牌同款产品。对产品不满意的顾客则会换购其他品牌的同款产品,或者换购他款产品。对某品牌产品长期的美好体验会促使消费者形成品牌忠诚,进而会积极向他人推荐该品牌,增加该品牌产品的购买行为。

二、消费者的购后行为与药品营销

(一) 复购行为营销策略

1. 复购行为的概念　消费者第一次购买某品牌产品后再次或多次购买该品牌产品的行为称为复购行为。在药品领域,复购行为是消费者对药品满意度和信任度的直接体现。

2. 复购行为的类型　复购行为一般可分为习惯性复购、认知型复购和探索型复购三种类型。

(1)习惯性复购:类似于日常用品的消费,如最常用的感冒药、胃消化药等,患者对某个品牌的药品形成了固定的购买习惯。

(2)认知型复购:消费者复购产品是缘于对某品牌产品深厚的认知度。例如,患者对某品牌药材产生品质更好的认知后,复购时再次选择了该品牌药品。

(3)探索型复购:是消费者复购其他产品时缘起于对某品牌原有产品深厚的认知度,衍生出更多的探索性消费。这是一种爱屋及乌的晕轮效应。例如,患者对某老字号中药企业的中成药十分满意,因而更乐意尝试购买该企业的保健食品。

3. 复购行为与药品营销

(1)从医疗角度来看:复购行为通常表明患者对药品的疗效持肯定态度,认为该药品能有效缓解症状或治疗疾病。药品的安全性记录良好,未引发严重不良反应,也是患者愿意持续使用的重要因素。此外,药品的服用便捷性,包括服用频率和剂型设计,也会影响患者的复购决策。

(2)从市场动态的角度来看:药品的复购率是衡量药品市场竞争力的重要指标。高复购率通常表明药品在市场上拥有良好的口碑和高用户忠诚度,药品生产企业在营销中应强化口碑维护,提升客户忠诚度。

(3)从药品流通企业的角度来看:服务体系越完善,药品的复购率越高。比如,温情式药品零售服务的运用对于提升复购行为就很有帮助。

(4)从公共卫生政策制定的角度来看:政策制定者需要确保药品的可及性和可负担性,以保证患者能够持续获得必要的治疗。医药企业应注意营销环境的变化,紧跟政策实施营销活动。

> **知识链接**
>
> #### 温情式药品零售服务
>
> 温情式药品零售服务是一种注重消费者情感需求和体验的服务方式,给患者呈现多个方面的温情体验,旨在通过细致入微的关怀和人性化的服务,提升消费者的满意度和忠诚度。比如,在顾客生日或重要节日时,药店可以通过短信、邮件或卡片送上祝福。对于行动不便或患有慢性疾病的顾客,药店可以提供上门送药服务和用药指导,增加服务的温情。

(二) 替代行为营销策略

1. 替代行为的概念　药品消费中的替代行为指的是消费者在面临某种药品无法获得、价格过高或者使用不便时,选择其他药品或治疗方案来替代原先计划使用的药品。例如,消费者可能会因观念变化,从化学成分为主的补益药品转向草本成分为主的补益药品或草本成分的其他健康类产品。

2. 替代行为的类型

(1)产品替代:指当消费者无法购买原来选择的品牌产品时,改为选择购买相似或功能相近的其他产品。例如,患者看到常购买的某品牌内服的中成药缺货,改为购买某外用药品。

(2)品牌替代:指当消费者无法获得其原来选择品牌的产品时,转而选择其他品牌的同类产品。如患者从一个化学名为复方氨酚烷胺片某品牌产品,转而选择另外品牌的复方氨酚烷胺片。

(3)渠道替代:指当消费者无法在首选的购买渠道买到所需产品时,他们可能会转向其他渠道购买。例如,患者在实体药店买不到某药品可能转而寻找网上药店在线购买。

3. 影响替代行为的因素

(1)疗效和安全性因素:药品的疗效和安全性,是决定消费者是否替代原药品的关键因素。如果药品能有效缓解病情且副作用较小,消费者不会实施替代行为而是更愿意持续购买。反之,消费者可能会选择替代行为,寻找具有相似疗效、更低副作用的药品。

(2)价格和便捷性因素:价格合理的药品在同等疗效和安全性的前提下,更容易获得患者的青睐。也即,患者对价格合理的药品不易发生替代行为。药品的包装和使用便捷性也可能影响消费者的购买决策,越能便捷使用的药品,越不容易产生替代行为。

(3)经验和口碑因素:消费者在选择药品时,往往会结合自身经验和他人评价,形成对某一药品的综合评价。积极的经验和口碑能够增强对药品的忠诚度,而负面的信息可能促使消费者寻找替代品。经验和口碑也帮助消费者在选择替代品时进行风险评估,考虑药品的安全性、有效性和价格等因素。

(三)购后客户关系管理策略

在药品行业,药品购后客户关系管理是一个综合性的过程,涉及多个方面的协调与合作。

1. 完善客户数据策略　收集患者的基本人口统计数据,如年龄、性别、住址和联系方式。记录患者的健康状况、用药历史、过敏史和其他重要的健康信息。将线上线下的患者信息进行整合,确保信息的准确性和一致性。分析患者的用药习惯和购药行为,预测未来需求和潜在问题。

2. 个性化服务策略　通过数据分析识别患者的个性化需求,制定针对性的服务策略。提供详细的用药说明,包括剂量、用法、注意事项和可能的副作用。设立 24 小时服务热线或在线咨询平台,及时解答患者的疑问。根据患者的健康状况和生活方式,制订个性化的健康管理计划,包括饮食、运动和生活习惯建议。通过定期健康评估,监测患者的健康变化,及时调整健康计划。

3. 增强患者依从性策略　通过短信、电子邮件、移动应用或可穿戴设备,提醒患者按时服药。根据患者的日常作息安排和药品使用要求,提供灵活的提醒设置。提供多种形式的用药教育资料,如视频、讲座、在线课程等,提高患者对药品的认识和使用能力。组织患者支持小组,分享用药经验和应对策略,增强患者的用药信心。

4. 增强客户忠诚度策略　推出会员计划,提供专属优惠、产品体验和健康指导等增值服务。设立积分制度,患者可通过购药、参与活动等方式积累积分,兑换礼品或享受折扣。定期举办品牌活动,如健康讲座、患者见面会等,增加患者与品牌的互动。通过社交媒体平台,与患者保持互动,分享健康知识和品牌动态。

（四）药品购后可持续发展营销策略

药品购后的可持续发展是医药企业在满足患者需求的同时,关注环境、社会和经济的可持续性,推动企业在市场中的长期稳定发展。

1. 环境可持续性发展策略 采用清洁生产工艺和设备,降低能源消耗和污染物排放。优化生产流程,实现废水、废气和固体废物的循环利用和资源化处理。使用可降解或可循环利用的材料,减少包装对环境的负担。设计更简洁的包装,以减少材料使用和浪费,同时确保产品的安全性。建立碳排放监测体系,定期评估和报告企业的碳足迹。实施节能措施和技术改造,持续降低企业运营过程中的碳排放。

2. 社会责任持续发展策略 开展健康教育活动,提升公众对药品安全和健康生活的意识。向有需要的群体捐赠药品和医疗资源,支持公共卫生事业的发展。为员工提供持续的职业发展培训,提升其技能和知识水平。创造安全、健康和多元化的工作环境,鼓励员工的创新和参与。选择环保和社会责任良好的供应商,确保供应链的可持续性。与供应商和合作伙伴建立长期的、互利共赢的合作关系,共同推动可持续发展。

3. 经济可持续性发展策略 加大研发投入,推动新药和技术的创新,提高企业的核心竞争力。持续改进产品质量和生产效率,满足市场和消费者不断变化的需求。积极拓展国际市场,增加出口产品的多样性和市场覆盖面。开发多元化产品线,降低市场风险,提高抗风险能力。保持财务稳健,合理配置资源,确保企业的经济可持续性。严格遵循法律法规和行业标准,防范法律和监管风险。

> **点滴积累**
>
> 1. 药品消费者的购后行为指的是消费者在购买和使用药品后的各种反应和行为。
> 2. 购后行为主要内容包含产品使用与体验,购后评价,口碑传播,购后反馈、投诉与退换货,复购行为与替代行为。
> 3. 复购行为分为习惯性复购、认知型复购和探索型复购三种类型;替代行为分为产品替代、品牌替代、渠道替代三种类型。

目标检测

1. 药品消费行为的特点有哪些?
2. 简要说明需要的分类及各分类对应的药品消费者购买行为。
3. 药品营销活动应从哪些方面入手强化药品消费者的复购行为?

（卫军锋）

ER 4-2

第四章
消费者的购
买决策过程
与药品营销
（习题）

第五章　社会因素对药品消费心理的影响

ER 5-1

第五章
社会因素对
药品消费心
理的影响
（课件）

学习目标

1. **掌握**　社会文化的概念和特征；社会群体的概念和特征；消费习俗和消费流行的概念和特点；社会认知和社会角色的特点。
2. **熟悉**　社会文化对药品消费心理的影响；社会群体对药品消费心理的影响；消费习俗和消费流行对药品消费心理的影响；社会认知和社会角色对药品消费心理的影响。
3. **了解**　家庭、年龄、性别因素对药品消费心理的影响。

导学情景

情景描述：

　　李女士是一职场母亲，家中有一个 5 岁的女儿。她希望找到一款能够帮助孩子增强抵抗力并且适合日常饮食习惯的健康补充品。在参加公司组织的亲子健康讲座时，她了解到儿童营养补充剂品牌 NHC 受到许多职场父母的推荐。该产品适用于 3~12 岁儿童，采用独立包装，方便携带，并提供每日精准剂量。此外，NHC 特别强调采用有机原料，符合现代社会对健康食品的消费趋势。与此同时，她在职场父母交流论坛上看到许多父母分享了孩子服用 NHC 后的积极体验，并提到该品牌在都市家庭中越来越受欢迎。考虑到产品的健康理念、便利性以及社会群体的消费趋势，李女士最终决定购买 NHC 儿童营养补充品。

学前导语：

　　NHC 的产品设计充分考虑了现代社会文化背景，符合当代职场父母对儿童健康管理的需求，其便捷的包装和有机原料迎合了当代消费者的健康意识。同时，社交媒体、职场群体的推荐以及社会对健康消费的趋势影响了个体消费者的购买决策。本章主要讲述社会文化、社会群体、消费习俗、消费流行、社会认知、社会角色、家庭、年龄和性别因素对药品消费心理的影响。

第一节　社会文化和社会群体对药品消费心理的影响

一、社会文化对药品消费心理的影响

（一）社会文化概述

　　1. 社会文化的概念　社会文化是指一个社会中人们所共享的价值观、信仰、习俗、行为规范、符

号、语言、艺术、法律、制度等各种文化要素的总和。它是一种集体性的意识形态,反映了社会成员共同的生活方式和思维模式。它对个体、群体和整个社会的发展都有深远的影响。理解社会文化有助于更好地理解人类社会的复杂性和多样性,促进跨文化交流和社会进步。

2. 社会文化的特征

(1)共同性和传承性:社会文化是由一个社会或群体的成员共同分享的。这意味着在同一个社会中,人们有共同的价值观、信仰、习俗和行为规范。例如,一个国家的文化往往反映其国民共同的历史、语言和传统;社会文化通过代际传递得以延续。文化的传承可以通过教育、家庭、宗教仪式和社会互动等方式实现。长辈将文化知识和习惯传递给年轻一代,使文化得以延续和发展。

(2)多样性和变迁性:社会文化具有多样性,不同社会、地区和群体有各自独特的文化。这种多样性体现在语言、宗教、艺术、饮食、服饰等方面。例如,全球各地的节庆活动和传统节日展示了丰富的文化多样性。社会文化是动态的,随着时间的推移不断发展和变化,文化变迁可以是渐进的,也可以是剧烈的,可能受到内部创新和外部影响的驱动。例如,科技进步和全球化加速了文化的传播和变迁。

(3)整合性和象征性:社会文化具有整合性,将社会成员凝聚在一起。文化通过共享的价值观和规范,增强了社会的凝聚力和团结。例如,国家的象征(国旗、国歌)和重要节日(如国庆日)可以增强国民的认同感和归属感。社会文化通过象征和符号表达,例如语言、文字、艺术、仪式和习俗。象征性使文化得以传达和理解,不同的符号系统帮助人们交流和传递文化意义。

3. 社会文化的分类　社会文化分类是对社会和文化现象进行系统化分类的方式,每一种分类方式都为我们提供了一个独特的视角,帮助我们认识和分析文化现象,例如:

(1)按地域分类

(2)按社会群体分类

(3)按时代分类

(4)按社会阶层分类

(5)按文化形态分类

(6)按功能分类

(二) 社会文化对消费心理的影响

社会文化对药品消费心理的影响是多方面的,包括价值观与健康观、习俗与传统、社会规范与行为、教育水平与健康素养、社会结构与经济状况、媒体和广告等。

1. 价值观与健康观的影响　不同文化有不同的健康观和价值观,这会影响人们对疾病和治疗的看法。例如,一些文化可能强调自然疗法和预防措施,而其他文化可能更依赖现代医学和药物治疗。不同文化信仰对药品的使用有特定的规定和限制,影响用药习惯和选择。例如,某些文化信仰可能禁止使用某些成分的药物。

2. 习俗与传统的影响　在一些文化中,传统医学比现代医学更受信赖。这影响消费者对药品的选择,可能更倾向于选择传统药物。家庭习俗和社会习俗对药品的选择有重要影响。例如,家庭中的长辈可能会影响年轻一代用药习惯和药品选择。

3. 社会规范与行为的影响 不同文化中有不同的服药习惯,如饭前饭后服药、特定时间服药等。这些习惯会影响药品的使用方式。一些文化中,自我药疗比较普遍,消费者可能倾向于自行购买和使用非处方药,而不是去看医生。在一些集体主义文化中,家族或社区对个体药品选择的影响较大。社会支持系统强的文化中,消费者更容易依赖家人或朋友的建议和帮助。群体和社区的意见对消费者的药品选择有重要影响,特别是在新药和保健食品的使用上。

4. 教育水平与健康素养的影响 教育水平较高的个体通常具有较高的健康素养,能够更好地理解药品信息,作出理性的用药决策。相反,教育水平较低的个体可能对药品信息理解不足,容易受到广告和错误信息的影响。受教育水平影响,消费者获取药品信息的渠道和能力不同,这会影响他们的用药决策和药品选择。

5. 社会结构与经济状况的影响 经济状况直接影响消费者的药品选择和购买能力。经济较好的消费者可能更倾向于购买品牌药品或新药,而经济状况较差的消费者可能选择价格较低的仿制药。社会结构中的医保体系和医疗资源分布也影响药品的可及性和使用情况。例如,医保覆盖范围广的地区,消费者更容易获得并使用处方药。

6. 媒体和广告的影响 对广告的接受度和信任度会影响消费者对药品的态度和选择。一些文化中,药品广告对消费者的影响较大,特别是通过电视、网络和社交媒体传播的广告。媒体在传播健康和药品信息方面起到重要作用,不同文化中,媒体传播的信息类型和方式不同,这会影响消费者对药品的认知和态度。

二、社会群体对药品消费心理的影响

(一)社会群体概述

1. 社会群体的概念 社会群体是指由两个或更多的个体组成的集合体,这些个体之间通过相互作用,以及共同的目标、价值观、规范和认同感联系在一起。社会群体在社会结构中起着重要的作用,在社会学和心理学中有重要的研究意义,因为它们对个体的行为、态度和社会关系有深远的影响。

2. 社会群体的特征

(1)共同特征和目标:社会群体的成员具有某些共同的特征,这些特征可能是地理位置、兴趣爱好、职业、年龄、性别、种族、宗教信仰等。许多社会群体有共同的目标或利益,这些目标可以是任务导向的(如完成项目)或情感导向的(如提供支持和友谊)。

(2)互动与社会关系:社会群体的成员之间有一定的互动和社会关系,这些互动可以是正式的(如工作团队)或非正式的(如朋友群体)。

(3)规范和规则:社会群体内部通常有一定的规范和规则,以指导成员的行为和互动。这些规范可以是正式的(如法律和规定)或非正式的(如社会习俗和道德规范)。

(4)身份认同:社会群体的成员通常对群体有一定的认同感和归属感,这种身份认同有助于增强群体的凝聚力和稳定性。

3. 社会群体常见的类型　社会群体可以根据不同的标准进行分类,以下是一些常见的类型。

(1)根据群体成员的性质分类

1)初级群体:如家庭和密友群体,成员之间有紧密的情感联系和长期的互动。

2)次级群体:如工作团队、俱乐部和社团,成员之间的联系较为正式和以实现特定目标为主。

(2)根据群体的组织结构分类

1)正式群体:如公司、政府机构和学校,有明确的结构、规则和目标。

2)非正式群体:如兴趣小组、邻里社区和社交圈,成员之间的互动较为随意,结构不那么严格。

(3)根据对个体的影响方式分类

1)主要参照群体:个体与之有直接、长期接触和互动的群体,通常具有较强的情感联系和社会认同。个体会通过与这些群体的互动来形成自己的态度、行为和价值观。

2)次要参照群体:个体与这些群体的关系较为间接和松散,可能没有频繁的互动,但这些群体仍然通过其价值观、态度或社会认同对个体产生影响。

知识链接

为什么人们要加入群体?

1. 心理需求　人类是社会性动物,渴望与他人建立联系,找到归属感。加入群体可以让个体感到自己是某个集体的一部分,减少孤独感。在群体中,个体可以感到更加安全和受保护,尤其是在面临外界威胁或不确定性时。通过与群体成员的互动,个体可以获得认可和尊重,从而提升自尊心和自我价值感。

2. 社会发展需求　群体成员之间可以提供情感支持、信息支持和实际帮助,这对于个体应对压力和挑战非常重要。加入某个群体可以帮助个体建立和维护社会身份,使其在社会中找到自己的位置和角色。通过参与群体活动,个体可以传承和维护特定的文化、传统和价值观。

3. 个人发展需求　在群体中,个体可以通过与他人的互动和合作,学习新知识、技能和行为模式,从而促进个人成长和发展。许多目标和任务需要通过群体合作才能实现,个体加入群体可以更有效地实现这些目标,如团队项目、运动比赛等。群体成员可以分享信息和资源,帮助个体获取更多的信息,作出更明智的决策。

(二) 社会群体对消费心理的影响

社会群体对药品消费心理的影响是一个复杂而多层次的过程,主要通过以下几个方面体现。

1. 家庭的影响　家庭成员尤其是长辈对药品选择有重要影响。例如,父母可能会对孩子的药物使用作出决策,而成年子女可能会影响老年父母的药物选择。家庭成员的健康观念和用药习惯会相互影响。例如,如果家庭中有成员信任中药,那么其他成员也可能倾向于选择中药。

2. 朋友与同伴的影响　同伴和朋友的意见和行为会影响个体的药品消费决策。例如,朋友推荐的药品或健康产品往往更容易被接受。朋友和同伴的支持和建议在疾病管理和药品使用上也起到重要作用,尤其是在重大健康决策时。

3. 社区文化和社会规范的影响　社区文化和社会规范会影响药品的选择和使用。例如,某些社区可能更倾向于使用本地生产的药品或传统药物。社区内可获得的健康资源(如社区医院、药店)的数量和质量也会影响药品消费。

4. 职业和工作环境的影响 一些单位有健康计划或保险政策,这会影响员工的药品选择和使用。同事之间的健康讨论和药品推荐也会对个体的药品消费决策产生影响。

5. 社会经济地位的影响 社会经济地位直接影响消费者对药品的负担能力。高收入群体可能更倾向于选择昂贵的品牌药品,而低收入群体可能更依赖价格较低的仿制药。高教育水平的个体通常具有更高的健康素养,能够更好地理解和选择适合自己的药品。

6. 媒体与广告的影响 药品广告和健康节目的宣传会影响消费者的药品认知和选择。媒体上频繁出现的药品或保健食品更容易被消费者接受和购买。社交媒体上的药品推荐和健康信息传播速度快,影响广,尤其是通过网红或名人的推荐,能显著影响药品消费行为。

点滴积累

1. 社会文化通过多种方式影响药品消费者的心理和行为,包括价值观与健康观、习俗与传统、社会规范与行为、教育水平与健康素养、社会结构与经济状况、媒体和广告等。
2. 社会群体通过家庭、朋友与同伴、社区文化和社会规范、职业和工作环境、社会经济地位、媒体与广告等多个层面共同影响着药品消费者的心理和行为。

第二节　消费习俗和消费流行对药品消费心理的影响

一、消费习俗对药品消费心理的影响

(一) 消费习俗概述

1. 消费习俗的概念 消费习俗是指一个社会或群体在消费活动中形成的特定行为模式和惯例。这些习俗反映了社会文化、价值观、信仰和经济条件,对消费者的购买决策和消费行为有重要影响。

2. 消费习俗的特征

(1)文化性:消费习俗受到文化背景和社会规范的深刻影响,不同文化中存在显著差异。

(2)习惯性:消费习俗具有重复性和惯常性,消费者在特定情境下往往会采取相似的行为。

(3)群体性:消费习俗通常在特定群体中传播和延续,具有群体特征和认同感。

(4)动态性:消费习俗随着社会变迁、经济发展和科技进步不断演变和更新。

(二) 消费习俗对药品消费心理影响的具体体现

消费习俗对药品消费心理的影响主要体现在以下几个方面:

1. **用药习惯的影响**　某些地区和文化有特定的用药习惯,比如中药在中国的广泛使用。传统用药习惯会影响消费者对药品的偏好和信任度。不同文化中对于服药时间有不同的习惯,这会影响消费者选择何种药品以及如何使用药品。

2. **品牌偏好的影响**　长期形成的消费习惯会导致消费者对某些品牌的偏好和忠诚。例如,消费者可能更倾向于购买他们熟悉和信赖的品牌药品。一些消费者可能更倾向于选择本国生产的药品,而另一些可能更信任进口药品。

3. **购买渠道的影响**　一些人习惯于在药店购买药品,而另一些人可能更倾向于在超市或通过线上平台购买,有些消费者习惯于自行购买非处方药,而不去看医生开处方药。

4. **价格敏感度的影响**　消费习俗中对价格的敏感度会影响药品选择,某些消费者可能更关注药品的价格,倾向于选择价格较低的药品。消费者对药品促销活动的反应也会受到消费习俗的影响,比如一些消费者可能会在打折时大量购买常用药品。

5. **信息获取的影响**　消费习俗中获取药品信息的主要渠道(如医生建议、亲友推荐、广告等)会影响消费者的决策过程。一些消费者对广告的信任度较高,容易受广告影响而选择药品,而另一些消费者可能更依赖专业建议。

6. **健康意识的影响**　有些习俗重视预防保健,消费者可能更倾向于购买保健食品和预防性药品,而另一些习俗可能更多关注治疗性药品。消费者对自然疗法和化学药品的态度也会受到消费习俗的影响。例如,一些消费者可能更偏好使用草药和自然补充剂,而不喜欢化学合成的药品。

二、消费流行对药品消费心理的影响

(一)消费流行概述

1. **消费流行的概念**　消费流行是指在一定时间内,某些商品或服务因其特定的吸引力和市场推广手段,迅速被大量消费者接受和追捧,从而在市场上形成短期内的大规模购买和使用现象。这种现象通常受到社会、文化、经济等多方面因素的影响,反映了消费者的时尚需求和消费行为的变化趋势。

2. **消费流行的特点**

(1)短暂性和广泛性:消费流行往往是短期的,可能只持续几个月或几年,之后会被新的流行趋势所取代。在流行期间,这种商品或服务会被大量消费者所追捧和购买。

(2)时尚性和新奇性:流行商品或服务通常具有时尚、潮流、创新的特点,能够满足消费者追求个性、与众不同的心理需求。

(3)模仿效应:消费流行常常通过社交媒体、广告、名人效应等方式迅速传播,消费者往往会因为看到他人使用而跟风购买。

(4)群体心理效应:人们购买流行商品或服务,除了功能需求外,还可能受到群体心理的影响,希望通过消费这些商品或服务来表现自我或融入某个群体。

(二)消费流行对消费心理的影响

1. **品牌认知与名人效应的影响**　当某个品牌的药品成为消费流行的焦点时,消费者往往会对该品牌产生更高的信任和认知。例如,当某个品牌的维生素补充剂在市场上流行时,消费者可能会更倾向于选择该品牌的其他药品。名人或有影响力的公众人物对药品的推荐会显著影响消费者的购买决策,名人使用某种药品并在社交媒体上分享其使用体验,会引发跟风购买的现象。

2. 广告宣传的影响 大量的广告宣传和媒体报道可以迅速提升某种药品的知名度,使其成为消费流行。例如,电视广告、社交媒体广告等都可以迅速引起消费者的注意。广告内容中对药品效果的描述、使用者的正面反馈和成功案例会影响消费者的购买欲望和信任度。

3. 社交媒体和网络口碑的影响 社交媒体平台上的讨论和推荐会快速传播药品信息。消费者在社交媒体上看到他人的推荐和使用体验分享后,可能会受到影响,尝试购买和使用同样的药品。在线评价和用户评论对消费者的决策影响很大,正面的评论和高评分会增加药品的吸引力,而负面的反馈可能会使消费者望而却步。

4. 新产品发布的影响 新药品或新配方的发布通常会吸引大量关注,尤其是那些具有显著创新特点或宣传为“突破性”的药品,某些消费者往往对新产品有较高的尝试兴趣,希望获得更好的治疗效果或体验。医药企业在新药品发布时,通常会进行大规模的市场推广活动,这些活动可以迅速提升新药品的知名度和销量。

5. 健康潮流的影响 某些健康趋势的流行会带动相关药品的销售。例如,随着保健和养生观念的普及,保健食品、维生素和天然药物的消费流行会显著增加。现代社会中对养生和预防医学的关注,使得一些与健康潮流相关的药品(如抗氧化剂、减肥药、免疫增强剂等)成为消费热点。

6. 从众与时尚心理的影响 消费者容易受到他人行为的影响,产生从众心理,如果某种药品在社交圈中广泛使用,其他消费者也会倾向于跟随购买。一些消费者希望通过购买流行的药品来体现自己的时尚感和前卫性,尤其是在年轻群体中表现明显。

7. 文化认同的影响 某些药品成为文化符号或标志,也会影响消费者的药品选择。例如,某些品牌的药品被视为高档、时尚或先进,消费者购买这些药品不仅是为了健康需求,更是为了文化认同和社会地位。

8. 经济因素的影响 经济繁荣期,消费者购买力增强,更倾向于尝试新药品或价格较高的品牌药品。经济低迷期,消费者则更倾向于选择价格较低的仿制药或传统药品。药品的促销活动和折扣优惠也会吸引消费者的注意,促使其购买流行药品。

> **点滴积累**
>
> 1. 消费习俗通过用药习惯、品牌偏好、购买渠道、价格敏感度、信息获取、健康意识等多种方式影响着药品消费心理。
> 2. 消费流行通过品牌认知与名人效应、广告宣传、社交媒体和网络口碑、新产品发布、健康潮流、从众与时尚心理、文化认同以及经济因素等多个方面影响着药品消费心理。

第三节　社会认知和社会角色对药品消费心理的影响

一、社会认知对药品消费心理的影响

(一) 社会认知概述

1. 社会认知的概念　社会认知是指个体如何处理、存储和应用有关他人和社会情境的信息的心理过程。它包括对他人行为的感知、解释和记忆,以及在社会互动中如何使用这些信息来指导自己的行为。

社会认知是社会心理学的一个核心领域,涉及人们如何理解和预测他人行为,如何形成和改变态度,以及如何在社会环境中进行决策。通过研究社会认知,可以更好地理解人类的社会行为,提高社会互动的质量,减少偏见和歧视,促进社会和谐。

2. 社会认知的特点

(1)主观性与动态性:社会认知受到个体的主观经验、信念和情感的强烈影响,不同个体对同一社会情境可能有完全不同的认知和解释。社会认知是一个不断变化的过程,会随着时间、经验和社会互动的变化而调整和更新。

(2)自动化与控制:社会认知过程可以是快速且无意识的(自动化),也可以是需要有意识努力和思考的(控制性)。

(3)情境依赖性:社会认知受到当前情境和环境的影响。例如,在压力下,人们可能更倾向于使用刻板印象来简化对他人的认知。

(4)文化影响:文化背景对社会认知有重要影响,不同文化中对同一行为的理解和解释可能截然不同。

(二) 社会认知对消费心理的影响

社会认知对药品消费心理的影响是一个复杂且多层次的过程,涉及社会知觉、归因、态度形成和社会规范等多个方面。

1. 社会知觉与药品信任的影响　消费者对药品品牌的知觉会影响他们的购买决策。如果某一品牌被广泛认为是可信赖和有效的,消费者更可能选择该品牌。医疗专业人员的建议被视为权威信息,消费者对这些建议的信任度会直接影响他们的药品选择。

2. 归因与药效期望的影响　消费者可能会将药品的疗效归因于其成分、生产商或推荐者。如果药品被认为是高质量的,消费者对其疗效的期望会更高。消费者在选择药品时也会考虑其潜在的副作用,归因于药品的成分或使用方法,这种归因会影响他们的风险评估和最终决定。

3. 态度形成与改变的影响　广告中的信息和情感诉求可以塑造消费者对药品的态度,增强其正面评价或减轻其负面看法。如果消费者看到许多人使用某种药品并报告良好的效果,他们更有可能对该药品形成正面态度。

4. 社会规范与从众行为的影响　不同文化对药品的接受度和使用习惯存在显著差异。家庭、朋友和同事的意见和行为会影响个人的药品选择。如果某种药品在社交圈中被广泛使用,个体更有可能随从这种趋势。

5. 信息传递与认知加工的影响　消费者通过各种渠道获取关于药品的信息,包括医生建议、广告、社交媒体和口碑。这些信息会被认知加工,形成对药品的整体看法。

6. 情感与动机的影响　消费者对药品的情感反应(如信任、担忧)和动机(如寻求治疗、预防疾病)会影响他们的消费决策。

7. 社会比较的影响　消费者会将自己与他人进行比较,特别是在健康和治疗效果方面。如果他们看到他人使用某种药品后效果良好,他们更有可能选择相同的药品。

8. 风险感知的影响　消费者在选择药品时会权衡其预期收益与潜在风险。社会认知过程会影响他们对风险的感知,从而影响最终决策。

二、社会角色对药品消费心理的影响

社会角色是个体在社会中承担的特定位置和期望行为,涵盖家庭、职业、社区、文化、性别、年龄等多个方面。社会角色影响个体的行为模式、自我认同和社会互动,通过规范、社会化、角色冲突和角色协调等机制对个体和社会产生广泛影响。

1. 药品消费活动中的角色类型　药品消费活动中的角色类型涵盖患者、医生、药师、家庭成员、医药企业、保险公司、政府和监管机构、广告与媒体等。每个角色在药品选择、购买、使用和评价过程中都发挥着关键作用。

2. 不同社会角色对药品消费心理的影响

(1)患者:患者自身的健康需求和对症状的感知直接影响药品的选择。他们可能依赖于自我诊断和经验来决定是否购买非处方药。患者对健康问题的焦虑程度和对医疗系统的信任度会影响他们的药品消费决策。例如,信任医生的患者更倾向于遵循处方药的使用。

(2)医生:医生的建议和处方对患者的药品选择具有决定性的影响。医生作为专业权威,其建议通常被患者高度信任。医生根据患者的具体情况制订治疗方案,包括药品的种类和剂量,这直接影响患者的消费决策。

(3)药师:药师提供的用药指导和药品信息会影响患者的消费心理,特别是在非处方药的选择上,药师对药品安全性和副作用的解释可以提高患者的依从性和对药品的信任度。

(4)家庭成员:家庭成员尤其是照顾者的建议和支持对患者的药品选择有重要影响,特别是在老年人和儿童的药品使用上。家庭成员共同参与药品消费决策,提供情感和实际的支持,这可以减轻患者的健康焦虑。

(5)医药企业:医药企业的品牌推广和广告宣传会影响患者对药品的认知和偏好。知名品牌和有良好市场声誉的药品更容易被消费者选择。医药企业通过研发新药和改进现有药品,满足不同患者的需求,提升消费者对药品的兴趣和信任。

(6)政府和监管机构:政府制定的药品法规和标准确保药品的安全性和有效性,提高消费者对市场药品的信任。政府通过公共健康计划和宣传活动,提高公众对某些药品的认识和接受度。

> **点滴积累**
>
> 1. 社会认知对药品消费心理的影响是一个复杂且多层次的过程,涉及社会知觉、归因、态度形成和社会规范等多个方面,最终影响他们的决策和行为。
> 2. 不同角色类型在药品消费过程中发挥着关键作用,通过影响消费者的认知、信任、决策和行为,塑造了药品消费心理。

第四节　家庭、年龄、性别因素对药品消费心理的影响

一、家庭因素对药品消费心理的影响

家庭因素对药品消费心理的影响是多方面的,涉及决策、习惯、态度和信任等多个层面。

1. 主要决策者的影响　在大多数家庭中,父母通常是药品消费的主要决策者,特别是涉及儿童和青少年的药品选择。父母会根据自己的健康知识、经验和对品牌的信任度来选择药品。在一些家庭中,药品选择是一个共同决策过程,家庭成员会互相讨论并达成一致。例如,购买保健食品或治疗慢性疾病的药品时,家庭成员通常会一起商量,综合考虑每个人的意见。

2. 健康观念和用药态度的影响　父母的健康观念和用药态度会影响子女。例如,如果父母注重疾病预防和健康管理,子女可能会倾向于购买保健食品和预防性药物。家庭中的用药习惯和态度也会相互影响。例如,如果家庭成员普遍倾向于使用天然药物或草药,其他成员也可能会受到影响,形成类似的用药偏好。

3. 信息共享和信任的影响　家庭成员之间会共享药品信息,包括医生建议、朋友推荐和广告信息,这种信息共享有助于家庭成员作出更为知情的决策。家庭成员之间的信任关系会增强药品使用的依从性。例如,如果一个家庭成员推荐某种药品,其他成员更可能接受并使用这种药品。

4. 经济因素的影响　家庭的经济状况直接影响药品消费的选择。经济较宽裕的家庭可能会选择价格较高的品牌药品,而经济紧张的家庭可能更倾向于选择价格较低的仿制药。家庭在药品支出上的预算分配会影响药品的选择和使用频率。例如,家庭中对保健食品的支出优先级可能会影响其他药品的购买决策。

5. 疾病管理的影响　对于慢性疾病患者,家庭成员的支持和监督对药品的依从性和管理非常重要。例如,糖尿病、高血压等慢性疾病患者在家庭支持下更容易按时服药和进行健康管理。在应

对急性病时,家庭成员通常会迅速采取行动,根据经验和知识选择适当的药品,并提供必要的护理。

6. 教育和知识传递的影响 家庭中的健康教育和知识传递会影响药品消费决策。例如,父母通过自身的健康知识和经验教育子女,使他们对药品有更理性的认知。家庭成员之间会分享最新的健康信息和药品知识,这有助于更新家庭的药品选择和使用习惯。家庭文化和传统会影响药品选择。例如,在一些家庭中,中药可能比西药更受信赖和青睐。家庭中的用药习俗会传递给下一代。例如,某些家庭习惯在特定季节或节日期间使用特定药品或保健食品。

二、年龄因素对药品消费心理的影响

年龄因素对药品消费心理的影响体现在多个方面,包括健康需求、用药习惯、信息获取、经济能力等。

1. 未成年人 儿童和青少年主要面临的是生长发育和常见疾病(如感冒、发热、过敏)等问题,父母在选择药品时通常会考虑药品的安全性和副作用。这一年龄段的用药决定主要由父母或监护人作出,孩子本身对药品的认知有限。父母倾向于选择专为儿童设计的药物,如混悬液或咀嚼片。父母是孩子主要的用药信息来源,但医生和药师的建议对药品选择有重要影响。

2. 青年人 青年人通常关注的是预防性保健、维生素补充、运动营养以及解决偶发性健康问题(如压力、失眠、消化不良)。这一阶段的个体开始有自主的用药决策能力,倾向于选择易于购买的非处方药和保健食品。社交媒体、互联网、朋友和同事的推荐是主要的信息来源。广告和名人代言对他们的药品选择有较大影响。这一阶段经济独立程度较高,通常能够自行支付药品费用,但价格仍是一个重要的考虑因素。

3. 中年人 中年人面临的主要健康问题包括慢性疾病(如高血压、糖尿病、心血管疾病)、压力管理和衰老等。中年人倾向于选择医生处方药,同时也关注保健食品和预防性药物,他们更注重药品的质量和疗效。医生等医疗专业人员是主要的信息来源,医疗检查和体检结果会影响用药决策。互联网和健康杂志也是常见的信息渠道。这一年龄段通常有较高的经济能力,愿意为高质量药品支付更多费用。医保覆盖范围和报销比例也是重要考虑因素。

4. 老年人 老年人主要关注慢性疾病管理、缓解疼痛、增强免疫力和改善生活质量的药品。通常依赖医生的处方,严格遵循医嘱。他们更注重药品的安全性和副作用,可能需要同时服用多种药物。医生、药师和家庭成员是老年人主要的用药信息来源,同时也会依赖来自社区健康服务的建议。老年人的药品消费受退休收入和医保政策的影响较大,他们通常关注药品的价格和医保报销情况。

三、性别因素对药品消费心理的影响

性别因素对药品消费心理的影响体现在多个方面,针对男性和女性的不同需求和偏好,可以提供更具个性化的产品和服务。

(一) 女性群体的药品消费心理

女性群体的药品消费心理受到多种因素的影响,主要包括:

1. 健康需求

(1)生理健康:女性在生理健康方面有特定需求,包括经期管理、避孕、激素调节和更年期症状缓解等。常见的药品包括避孕药、经痛缓解药、激素替代疗法药物等。由于女性在绝经后更容易患骨质疏松症,她们更关注钙片、维生素 D 补充剂等骨骼健康药物。

(2)美容与保健:女性更关注美容与保健,倾向于购买抗衰老产品、维生素补充剂、皮肤保养品等,以满足她们对外貌和健康的期望。

(3)情绪和心理健康:女性更关注情绪和心理健康,对情绪调节保健食品的需求较为明显。

2. 用药习惯

(1)安全性和副作用:女性在选择药品时更为谨慎,倾向于选择安全性高、副作用少的药品。她们更愿意了解药品的成分和潜在副作用。

(2)依从性:女性在遵从医嘱方面通常较为严格,依从性较高,更愿意坚持长期治疗。她们更注重按照医生建议进行定期检查和随访。

3. 信息获取方式

(1)多渠道信息获取:女性更倾向于通过多渠道获取药品信息,包括医生建议、社交媒体、朋友推荐、健康杂志、论坛等。她们注重综合多方面的信息作出决策。

(2)社交影响:女性更容易受到社交圈子、朋友和家人建议的影响,特别是在药品推荐和使用经验分享方面。

(3)广告与宣传:女性对药品广告中涉及美容、保健和生活质量提升的信息更为敏感,易于被广告中强调的安全性、天然成分和效果吸引。

4. 价格敏感度

(1)性价比:女性在购买药品时通常对价格较为敏感,尤其是在美容和保健食品领域。她们倾向于寻找性价比高的产品,并关注促销和折扣信息。

(2)预算控制:女性更擅长预算控制,在药品支出上更注重计划和节约,选择适合自己需求和预算的产品。

5. 社会和文化因素

(1)家庭责任:女性在家庭中通常承担更多的健康管理责任,如照顾孩子和老年人,因此她们在选择药品时会考虑家庭成员的健康需求。

(2)社会角色:女性在家庭中扮演主要照顾者的角色,负责家庭成员的健康管理。这种责任可促使她们更加关注家庭健康,并积极寻求和使用药品来维持家人的健康。

(二) 男性群体的药品消费心理

男性群体的药品消费心理受到多种因素的影响,主要包括:

1. 健康需求

(1)运动与健身:男性通常更关注运动与健身,倾向于购买运动补剂、蛋白质粉、肌肉增强剂等产品。这类产品的消费通常与健身计划和身体素质提升相关。

(2)性健康:男性对性健康药品的需求较大,包括壮阳药、勃起功能障碍治疗药物和前列腺健康产品等。

(3)心血管健康:由于心血管疾病在男性中更为普遍,男性更关注这方面的药物,如抗高血压药、降血脂药和心脏保健食品。

2. 用药习惯

(1)速效药物偏好:男性在面对健康问题时,更倾向于选择速效药物,期望快速见效。这在治疗急性症状或解决突发健康问题时尤为明显。

(2)依从性:男性在长期用药依从性方面可能较低,尤其是在感觉症状减轻后容易中断治疗。这在慢性疾病管理中是一个需要注意的问题。

(3)自主决策:男性在用药决策中更倾向于自主选择,较少依赖他人建议,更信任自己的判断和经验。

3. 信息获取方式

(1)专业建议:男性更依赖医生、药师和其他医疗专业人员的建议,倾向于相信专业人士的意见。

(2)广告与宣传:男性对功能性、效率性广告较为敏感,特别是运动营养品和性健康药品的广告。他们通常关注广告中药品的效果和科学依据。虽然男性也会通过互联网和社交媒体获取药品信息,但他们更倾向于浏览专业医疗网站和论坛,寻求可靠的信息来源。

4. 社会和文化因素

(1)社会角色和期望:社会对男性的角色期待和压力也会影响他们的药品消费心理。例如,男性可能更倾向于通过药品来快速恢复健康,以便继续承担家庭和工作的责任。

(2)文化背景:不同文化背景下,男性对药品的接受度和偏好可能有所不同。例如,在一些文化中,男性可能更倾向于使用传统药物。

点滴积累

1. 家庭对药品消费心理的影响是多方面的,涉及决策、习惯、态度和信任等多个层面,家庭成员之间的互动、支持和信息共享在药品消费决策中起到关键作用。
2. 年龄因素对药品消费心理的影响包括健康需求、用药习惯、信息获取、经济能力等。
3. 性别因素对药品消费心理的影响体现在多个方面,针对男性和女性的不同需求和偏好,可以提供更具个性化的产品和服务。

目标检测

1. 简述社会文化对药品消费心理和行为的影响。

2. 研究社会群体心理对药品市场营销有何意义?

3. 论述如何针对不同年龄段的消费心理成功地进行药品营销?

（李洪华）

ER 5-2

第五章
社会因素对
药品消费心
理的影响
（习题）

第六章　药品营销策略对消费心理的影响

ER 6-1

第六章
药品营销策
略对消费心
理的影响
（课件）

学习目标

1. **掌握**　药品市场细分和定位,药品价格、品牌,药品信息推广对消费心理的影响。
2. **熟悉**　药品类型、药品包装、购药渠道、延伸服务对消费心理的影响。
3. **了解**　药品目标群体、药品差异化、药店购药环境对消费心理的影响,药品信息推广的意义和主要形式。

导学情景

情景描述:

　　某患者因心脏问题需要常备保护心血管的药物,通过网上查询得知一款历史悠久且广泛认可的非处方药品。患者了解到该药品推出了便携式小瓶包装,便于随身携带,并且新包装上增加了心脏健康提示及清晰的用药指导和剂量说明。随后,患者前往药店,药店工作人员详细介绍了该药品,并进一步解释了其使用方法和效果。基于药品的品牌信誉、便捷性及工作人员的专业建议,患者最终决定购买该药品。

学前导语:

　　药品包装在药品营销中起着重要作用,不仅影响消费者的购买决策,还能提升品牌形象,增加产品附加值和促进市场销售。本章主要讲述药品市场细分和定位策略,药品类型、包装、品牌、价格策略、药品信息推广策略和购药体验策略对消费心理的影响。

第一节　药品市场细分和定位策略

一、药品市场细分和定位概述

(一) 药品市场细分和定位的定义

　　1. 药品市场细分　市场细分是将整体市场划分为具有相似需求、特征或行为的子市场。其目的是识别和理解不同消费者群体的需求,以便企业能够制定符合这些需求的产品和营销策略。细分市场的主要依据包括:①地理因素,包括地区、气候、城市与乡村等;②人口统计因素,包括年龄、性别、收入、教育水平等;③心理图谱因素,包括生活方式、价值观、兴趣等;④行为因素,包括购买行为、使用习惯、品牌忠诚度等。

2. 药品市场定位　市场定位是确定药品在目标市场中的独特位置,使其在消费者心目中与竞争对手的产品有所区别。定位旨在创造一种独特的品牌形象,使其与市场上的其他产品区分开来。定位的核心是确定药品的独特卖点,包括产品的功能、质量、价格、形象等。

(二) 药品市场细分与定位的关系

1. 细分提供基础市场　细分为定位策略提供了基础数据。通过了解不同细分市场的需求、特征和行为,医药企业可以决定如何最好地满足这些需求。在细分市场后,企业选择一个或多个目标市场进行定位。这些目标市场的选择是基于细分分析得出的,以便确保营销资源的有效利用。

2. 定位实现差异化　根据市场细分的结果,医药企业可以制定出具有针对性的差异化定位策略,帮助企业塑造产品的品牌形象,使其在目标市场中脱颖而出。

3. 实现精准营销　细分市场提供了目标客户的详细信息,定位则指导如何设计和实施营销活动,以便最有效地触及目标客户群体。根据定位策略,医药企业可以制定精确的沟通策略,包括广告、促销和销售策略,确保信息能够有效地传递给目标市场。

(三) 药品市场细分和定位对营销策略的影响

1. 药品市场细分对营销策略的影响

(1) 精准识别目标市场:市场细分帮助医药企业精准识别目标市场。例如,将市场细分为糖尿病患者、高血压患者、运动员等,可以帮助企业明确哪些人群最需要其药品,从而进行有针对性的营销。通过细分市场,医药企业可以开发专门针对糖尿病患者的产品,如血糖监测工具、胰岛素注射剂等,并设计专门的营销策略,在糖尿病患者常用的健康网站和社区进行推广。

(2) 产品开发与优化:细分市场提供了详细的消费者需求信息,指导医药企业在产品开发时更好地满足这些需求。如针对儿童的感冒药品,医药企业可以开发出糖果味的口服液并设计成易于吞服的形式,在包装上使用吸引儿童的图案和颜色,加入趣味元素以吸引儿童。

(3) 定价策略影响:高收入群体可能接受较高的价格,而价格敏感的消费者则需要更具性价比的药品。通过细分市场,企业能够制定出符合不同群体支付能力的价格策略。如针对高收入人群的营养补充品可以采取高端定价策略,并强调产品的独特成分和功效,而经济型市场则需要制定更为实惠的价格策略,进行促销活动以吸引价格敏感的消费者。

(4) 渠道策略影响:市场细分帮助确定最有效的销售渠道。如儿童药品通过家长信赖的零售药店和在线药品平台进行销售,高端药品通过专业的药店或医院药房销售,运动员专用补充品通过运动营养专卖店、健身俱乐部以及运动员社区进行销售,或通过线上平台提供便利的购买方式。

(5) 促销与沟通策略影响:市场细分影响药品的促销与沟通策略。根据目标市场的特点,制定针对性的促销活动和广告宣传。如针对老年人群体的保健药品可以通过健康讲座、老年人杂志、社区活动以及医生推荐进行宣传推广,并设计专门的促销活动,如购买药品赠送健康咨询服务等。

2. 药品市场定位对营销策略的影响

(1) 确定独特卖点影响:市场定位帮助确定药品的独特卖点,帮助医药企业在竞争激烈的市场中突出自身优势。如某调血脂药,能够有效地降低胆固醇,医药企业可以在广告中重点强调这一点,并通过科学研究结果和临床试验数据来进行支持。

(2)营销沟通与广告影响:定位策略决定了药品的广告和营销沟通策略。通过明确的定位,医药企业能够设计出更具针对性的广告内容和传播方式,以更有效地吸引目标消费者。如针对高压力人群的抗焦虑药可以在广告中突出其缓解焦虑的效果,并通过心理健康相关的媒体和平台进行推广。

(3)客户关系管理影响:市场定位有助于制定客户关系管理策略,通过提供个性化的服务和支持来提升客户满意度和忠诚度。如针对慢性疾病患者提供定期的健康检查和咨询服务,并建立支持社群,以帮助患者更好地管理自己的健康。

(4)竞争策略影响:定位策略帮助医药企业制定与竞争对手的差异化策略,通过突出药品的独特优势来与市场上的其他产品区分开来,从而赢得市场份额。例如,如果竞争对手的产品主要强调价格,定位策略可以着重宣传药品的明显效果,以吸引对效果有高要求的消费者。

(5)产品组合策略影响:定位可以指导医药企业制定产品组合策略,通过推出不同系列的产品来满足不同市场的需求。如维生素补充品,可以推出基础版的维生素产品以及高级版的综合营养补充品,以满足不同消费者的需求。

(6)市场覆盖与区域扩展影响:定位帮助医药企业制定市场覆盖和区域扩展策略,确保产品能够有效触达目标消费者。针对不同国家和地区的市场需求,医药企业可以调整产品定位和营销策略,如在发展中国家提供价格更为实惠的药品,在发达国家推出高端产品。

二、药品市场细分对消费心理的影响

(一)健康心理意识的影响

消费者的健康意识影响他们对药品的需求,不同消费者对健康的认识和态度会影响他们对药品的选择。如高健康意识的消费者更倾向于选择预防性药品或营养补充品。

(二)情绪和心理需求的影响

高压力水平的消费者更关注抗焦虑药或镇静催眠药,低压力水平的人更关注日常健康维护药品。例如,一些专为改善睡眠质量的保健食品,能够满足部分消费者在心理上的特定需求,如缓解焦虑、促进放松,从而提升整体幸福感。

(三)社会认同感影响

部分消费者通过选择某些品牌或产品来表达自我身份和社会地位。或者通过选择在社会中获得认可或流行的产品,以获得社会的认同和赞赏。

(四)自我效能感的影响

有些消费者更关注药品的自我管理和效果评估。部分自我效能感强的消费者更倾向于选择能够显著改善他们健康状况的药品。

(五)文化背景和教育观念影响

不同文化对药品的接受程度和使用习惯有所不同,一些文化更倾向于使用传统草药,一些文化更接受现代药物。不同文化对健康的理解和重视程度影响药品的市场需求,一些文化更重视身体健康需求,而另一些文化更重视精神健康需求。

三、药品市场定位对消费心理的影响

(一) 药品目标群体定位对消费心理的影响

目标群体是指企业或品牌在市场营销中希望能够吸引和服务的特定消费者群体。药品目标群体是指特定药品在市场上针对的主要消费者群体。这些群体通常具有某些共同的特征,使得他们成为该药品的潜在用户或实际用户。

1. 药品目标群体分类

(1)应急用药群体:该群体疾病多以突发性的轻疾为主,如胃炎、感冒发热等常见疾病。因为生活习惯或工作时间的原因,更倾向于在线上问诊购药,且对疾病的诊断和送药的时效性要求非常高。

(2)家庭支柱群体:作为家庭购物的决策者,其购物习惯会根据用药场景的不同在线上线下切换,以满足家庭多元化用药需求。购买药品包括儿童用药、季节性药品和慢性疾病用药等。

(3)新老人群体:中国已步入老龄化社会,老年人比重日益上升,他们也是药品消费的主力军,在药品消费中对品牌的忠诚度和认可度较高,会选择价格较高和价值较高的品牌,且由生存型向改善型和品质型转变。新老人群体在照顾自己健康上更舍得消费,且热衷于在线上购药。

2. 药品目标群体的消费心理

(1)目标群体的健康状况和疾病类型决定了他们对特定药品的需求。如患有慢性疾病的人群对长期药物的需求更高,而急性病患者则需要快速见效的药品。一些目标群体更关注疾病的预防,例如使用维生素和营养补充剂。

(2)目标群体的收入水平和经济状况会影响他们对药品价格的敏感度。高收入群体更愿意支付高价购买优质药品,而低收入群体则更关注药品的性价比。健康保险的覆盖范围和报销政策会影响目标群体的购买决策。如果某种药品被保险覆盖,目标群体更有可能选择这种药品。

(3)不同文化背景的目标群体对药品的接受度和偏好有所不同。例如,中药在一些东方国家更受欢迎。

(4)目标群体的生活方式和用药习惯会影响他们的消费心理。健康意识较高的目标群体更倾向于选择健康、安全的药品,并愿意为此支付更高的价格。工作生活忙碌的群体会偏向选择方便快捷的药品。

3. 药品目标群体的营销策略

(1)加大研发力度:对于医药企业来说,在政策层面对于医药创新支持力度不断加大的背景下,要不断加速创新升级,持续加大研发投入力度,只有具备持续研发能力和真正创新实力的企业才会获得消费者的认同。同时抓住目标群体最基本的需求,通过大数据分析等方法,提供多元化、细分化的解决方案,从根本上解决消费痛点,用过硬的药品质量和品质减少目标群体的选择焦虑,真正提升他们的用药体验感。

(2)挖掘细分市场:依据人口统计特征、心理特征、行为特征等方面的差异,深入了解不同药品目标群体的消费偏好,洞悉不同消费行为背后的消费者心理活动轨迹,从而针对不同目标群体制定更加个性化和针对性的药品营销策略。

(3)构建医药新零售模式:例如,通过线上自营平台、线下自建药店、7×24小时配送团队,加快推进线上线下一体化发展的医疗服务新模式,解决紧急用药、夜间用药、隐私保护等消费痛点,优化患者用药体验。组建专业医生、药师团队,提供在线咨询指导,确保每一位患者对症下药。打通互联网医院、线下药房、送药上门的"医+检+药+送"健康服务闭环。

(二)药品差异化定位对消费心理的影响

药品差异化定位是指在药品市场中,通过产品特性差异化、品牌形象差异化、服务差异化、定价策略差异化等,区分自身产品与竞争产品,以便在消费者心中建立独特的价值定位。

1. 药品差异化定位的心理学原则

(1)药材差异化原则:中国人一直对药材的质量要求比较高,特别是传统中医药文化对药材的自然条件、生态环境都有极高的要求,同时对栽培技术、采收、加工也都有一定的讲究。消费者选择药品也趋于理性,低价促销的营销方式难以打动他们。

(2)品牌差异化原则:第一步,须了解目标群体的个性化需求心理,从中剖析消费者需求的利益点;第二步,在众多的竞争品牌中,展示自身产品的独特利益,找准差异性;第三步,通过分析找出自身产品的核心优势,并在传播过程中赋予其独特"记忆点",让消费者能够轻松记忆并能与其他品牌区分。

(3)符号差异化原则:符号是区别产品或服务的基本手段。符号除了最常见的商标设计之外,还包括颜色、图形符号、声音、口号、形象等元素,比如可口可乐的红、百事可乐的蓝都具有非常强的识别性,像烙印一样刻在消费者心底。

> **案例分析**
>
> **"药材好,药才好"**
>
> **案例:**某医药企业适时提出了"药材好,药才好"的传播理念,以中药材资源优势为依托,从药材的道地角度,寻求品牌差异化竞争力,在主流媒体大量投放广告,推出一系列以"地黄"为核心的产品,在宣传中全部以品牌核心概念"药材好,药才好"进行推广,并在市场上投放某某牌六味地黄系列产品,在短时间内一跃成为行业领导品牌。
>
> **分析:**该医药企业强调药材的独特品质和来源,使消费者对产品的安全性和有效性有更清晰的认识,增强了信任感。通过差异化营销,企业在激烈的市场竞争中占据了有利位置。

2. 药品差异化定位的营销策略
差异化营销是一个系统工程,可以帮助医药企业在竞争中脱颖而出,在消费者心目中建立起与众不同的形象。

(1)洞悉消费需求:药品消费者一般有四方面的需求。一是希望根除疾病,急治标,缓治本,标本兼治,从复杂的疾病矛盾中找出主要矛盾或矛盾的主要方面,从而抓住治疗疾病的关键;二是治愈速度越快越好,遭受疾病折磨,人们都渴望尽快回归正常生活,特别是现代人快节奏生活带来的焦虑感,部分患者要求疾病治愈的快速和有效;三是消费者健康意识和健康防治观念逐步增强,特别是近年来人们越来越注重高质量生活,养生保健意识成为社会常态,传统的中医治未病理念开始走入人心;四是对于药物品质要求增加,治愈率高、副作用小、安全性高的药品成为消费需求热点。

(2)强化技术创新:在药品同质化严重的市场竞争中,想在消费者心目中占据一个特殊的位置,需要持续投资产品的研发,开发具有独特成分或新颖配方的药物。通过专利保护创新成果,确保产品在市场上的独特性和竞争优势。

(3)优化购药环境:体验良好的购药环境能够让消费者拥有愉悦的心情,培训高素质的专业营销人员,升级店面形象,科学合理地陈列商品,优化会员管理服务,增加配送服务等,都会增加消费者购物积极性及再次购买的可能性。

(4)拓宽服务渠道:近年来中国医药零售市场面临很多新的挑战,电商增速远高于实体药店增速,药店之间的竞争越来越激烈。药品消费者正在向多渠道、多终端扩散。药店要积极拥抱“互联网＋”时代,依托成熟的电商平台或自建配送网络,服务更多、更广泛的用户群体,利用人工智能(AI)融合大数据提取有价值的信息,采取精准的市场营销策略;积极探索建设数字化与智能化的会员服务体系,密切关注高价值会员并提供优质服务,通过极致的服务体验提升顾客满意度,创造忠诚的客户。

点滴积累

1. 药品市场细分和定位会对药品营销策略产生影响。
2. 药品市场细分和差异化定位会对消费心理产生影响。

第二节　药品类型、品牌、包装和价格策略

一、药品类型对消费心理的影响

(一) 处方药与非处方药分类

药品最主要的分类是按购买药品时是否需要医生开具处方而分为处方药与非处方药。

1. 处方药及其特点　处方药是指需要经过医生开具处方才能从药房或药店购买,并应在医生监控或指导下使用的药物。处方药的特点是必须依法进行严格监督管理,只能在医院或者零售药店的处方药专柜等渠道由执业药师或药师审核后方可调配购买。处方药只能在专业性的医药报刊和媒体进行广告宣传,不允许开架销售。

处方药一般包括:①刚上市的新药,因对其活性、副作用还要进一步观察;②可产生依赖性的某些药物,如吗啡类镇痛药及某些催眠安定药物等;③本身毒性较大的药物,如抗肿瘤药等;④用于治疗某些疾病所需的特殊药品,如治疗心血管疾病的药物,抗精神病药、抗癫痫药等,以及经注射途径使用的各类药品,必须凭医生处方购买,以防应用不当而危及人们的机体,甚至损害生命安全。

2. 非处方药及其特点 非处方药是指不需要医生处方,患者及其家属可直接在各类药房、药品超市自行判断、购买、使用的药品。

(1)适用范围窄:非处方药的适应证是患者可以自我判断的轻微症状。比如感冒、咳嗽等呼吸系统疾病;消化系统的常见病,如消化不良、胃部不适,以及腹泻、便秘等;神经系统的头痛、偏头痛等;妇科的痛经、阴道炎等;日常生活常用的维生素、避孕药及外用药等。

(2)应用安全:非处方药多为安全性较大的药品,意味着在严格遵照详细的服药说明和注意事项的情况下,不良反应的发生率较低,人体健康受到损害的程度较小。

(3)疗效确切:药物作用的针对性强,适应证明确,易被患者掌握与感受。

(4)质量可靠:药品的理化性质比较稳定。明确标出有效期及生产批号,包装也符合规定要求。

(5)说明书内容详尽:凡归入非处方药的品种,其标签和说明书要十分详尽和标准,并且通俗易懂,便于患者按照说明书作出自我判断和治疗。

(6)使用方便:非处方药可自行购买或者在药师指导下购买使用。

3. 处方药与非处方药分类对药品营销人员的影响

(1)处方药与非处方药分类推动了企业营销人员对药品市场的细分。药品生产商可以被分成处方药生产商、非处方药生产商、处方药 - 非处方药生产商。药品营销活动也因处方药和非处方药的特点不同,在市场销售、服务传递方式等方面均不相同。

(2)在一般情况下,非处方药的价格是开放的,相同的成分和剂型,由于知名度、包装的不同而存在显著的差异。药品营销人员应特别重视品牌的作用,品牌往往决定着价格和销量。在实际营销过程中应不断利用媒介向消费者宣传,品牌重视不断创新以提高知名度,严格控制质量以确保形象,形成著名品牌并产生市场效应,以提高市场的销售额。

4. 处方药和非处方药分类对消费心理的影响 处方药和非处方药因各自销售方式不同而对消费心理产生不同的影响。

(1)处方药的销售对消费心理的影响:依据管理部门规定,销售处方药时要有严格的程序。由于程序复杂,药品消费者如果因各种原因没有开具处方或者没带处方时,一般会放弃要购买的处方药转而选择同类非处方药,药品营销人员要根据消费者的需求及时作出指导。

(2)非处方药的销售对消费心理的影响:非处方药的销售程序比较简单,只要消费者实施购买行为即可。消费者容易接受非处方药方便、快捷、轻松选择的购买体验。尤其是敞开自选式销售,药品消费者可以根据药品说明书选用适合自己的药品。柜台式销售虽给药品消费者挑选药品不方便的感受,但由于增加了药师或调剂员与药品消费者接触的过程,会使消费者产生更可靠的感觉。由于药品的专业性,部分药品消费者在购买非处方药时会有不确定的情况,须经咨询、药师介绍或阅读药品说明书后,才能确定购药种类。因此,药品营销人员应主动了解消费者的具体状况和需要,然后再推荐相关的非处方药。

(二) 药品剂型分类

药品剂型是指药品的具体形态和形式,通过特定的制备工艺将药物原料加工成适合患者使用的物理形态。剂型直接影响药物的吸收、分布、代谢和排泄,以及患者的依从性和治疗效果。

1. 常见的药品剂型 片剂、胶囊剂、颗粒剂、溶液剂、注射剂(包括注射液、粉针剂、冻干粉针剂等)、混悬液、各种外用制剂、各种五官科药品制剂等。每种剂型各有优缺点,如注射剂的优点是药效迅速,剂量准确,作用可靠,适用于不能口服药物的患者;缺点是注射部位疼痛,稳定性差,易发生不良反应,生产成本高。

2. 药品剂型对消费心理的影响 药品营销人员应当了解剂型知识,并能够向药品消费者介绍各种剂型的特点,增强消费者对药品剂型的认识,有助于科学选择药品。比如,软胶囊剂型的药品容易服用,对服用舒适性有较高要求的消费者就会明确选择该剂型药物;对于儿童来说,液体剂型比片剂类服用更方便,因此受到家长青睐。

案例分析

剂型创新为中医药发展带来新机遇

案例: 某小儿清热颗粒是某医药企业的独家产品,主要用于治疗小儿风热感冒,因疗效显著,安全性高,在该细分领域市场占有率位居行业前列,销售额一直位居行业前列。但因口感比较苦且冲泡之后味道也比较浓郁,孩子对于药品的接受度比较低,给家长带来很大的困扰。

近年来该企业创新研发出口感更好、剂型更优、服用更方便的该品种糖浆剂,更好地满足了儿童患者的差异化用药需求,为患儿带来新的用药选择,也占据了更多市场。

分析: 传统中药以"丸散膏丹"的剂型方式应用于临床,在临床应用中存在诸多不足。企业需要在选准品种和定位的前提下,做中药改良型新药,提高消费者对于中药的接受度和认可度,以更好地促进中医药的传承与发展。

二、药品品牌对消费心理的影响

(一) 药品品牌的心理功能

药品品牌是指医药企业对其生产的药品进行命名和营销,以便在市场上进行识别和推广的特定名称或标识。药品品牌通常包括药品的商标名、包装设计、宣传推广等方面。

药品品牌在非处方药和处方药领域都对消费者心理有显著影响。在非处方药领域,药品品牌影响主要体现在消费者的信任、认知、情感联系和便捷性方面;在处方药领域,消费者通常依赖医生的推荐,而医生倾向于开具他们信任和熟悉的品牌药品。

1. 识别功能 这是品牌最基础、最原始的功能,能够帮助消费者在最短时间内找到自己需要的药品。在竞争激烈的非处方药市场中,消费往往具有突发性、紧急性,消费者希望可以根据商标区分不同的生产者或经营者,最短时间选中自己信任品牌的产品,迅速完成购买行为。很多药品生产企业,在发展历史中始终保持品牌的关键要素不变,保证企业文化的源远流长。

2. 记忆功能 "品牌"最早的含义即"烙印",也是对消费者留下的独特"记忆",包括品牌视觉记忆、品牌场景按钮记忆、品牌功能记忆、品牌情感记忆四个方面。

(1)品牌视觉记忆(商标、外包装等)是通过把品牌信息转化为视觉语言,形成消费者的良好第一印象,赢得消费者的好感。

(2)场景按钮记忆是通过传播"特定场景"建立起"场景"与"品牌"间的关联,进入此类"消费场景"就会联想到该品牌。如某品牌的感冒灵颗粒一直以来都在以情感作为营销主题,准确把握消费者情感需求,一句"暖暖的,很贴心"的广告语让感冒患者倍感温馨。

(3)品牌功能记忆是通过找准产品定位,深入挖掘细分市场,自主创新,找到产品的独特功能,解决消费者的独特问题,为患者提供专业化解决方案,这也成为现代药品营销的重点。

(4)品牌情感记忆是最深层次的记忆,消费者基于长期的购买、使用,建立起对于某品牌的信赖,在购买过程中毫不犹豫地选择该品牌的产品,这需要药品本身产品质量和产品策略方面持续创新,建立同消费者的情感联系。

3. 促销功能 商品品牌是商品宣传促销活动的核心部分,当人们持续关注某个品牌时,就很容易形成对于该品牌的特殊偏好,从而促进销售行为的发生。有些传统品牌、中华老字号品牌之所以能长期保有市场份额,而不被众多的新产品、新企业所排挤,其重要的原因就是消费者已经对它们形成恒常性知觉,在各种市场条件下都能准确无误地加以识别,并受惯性驱使进行连续购买。

4. 保护功能 药品品牌特别是中华老字号品牌经过登记注册后受到严格的法律保护,品牌在守正创新的同时还要保证其影响力与公信力。好的药品品牌都有着深厚的文化底蕴和良好的群众基础与口碑,对于消费者来说,可以帮助他们在众多品牌中选择放心产品,保护自己合法权益。

> **知识链接**
>
> ### "TRT"品牌之争
>
> "TRT"作为中华老字号医药品牌被消费者所钟爱。2006年北京TRT(字号:TRT;商标:TRT牌)入选商务部认定的第一批"中华老字号","TRT中医药文化"入选第一批国家级非物质文化遗产名录。而中华TRT生物科技有限公司设立于我国台湾地区,在其店铺牌匾、装饰、赠品外包装、名片、宣传册及网站上,突出使用"TRT"字样的行为,侵害了北京TRT享有的注册商标专用权。法院认为,把具有极高知名度和认同感的"TRT"商标与中华TRT的行为相结合,必然会使相关公众产生"TRT"商标与中华TRT之间存在关联的联想,从而构成对相关公众的误导,并对驰名商标权利人的合法权益造成损害,而且会降低北京TRT品牌在相关公众中的知名度、影响力,降低"TRT"商标对消费者的吸引力,最终损害北京TRT所享有商标的市场价值。因此认定其商标侵权,承担停止侵权、消除影响、赔偿损失的民事责任。

(二)药品品牌的营销策略

品牌营销策略是医药企业在竞争激烈的市场中建立和提升品牌知名度,吸引消费者和医疗专业人员,并最终增加销售的重要手段。

1. 统一品牌策略 统一品牌策略是指一个医药企业生产的系列商品都使用同一品牌,形成一整套企业识别体系。一是有利于知名医药企业利用品牌效应扩充产品线,形成规模经济,而中小企业则可以集中力量提高产品的知名度,节省广告费用;二是可以节省推广新产品的成本,提高企业的经济效益;三是采用统一品牌策略企业如果对所有产品的质量严格控制,维护品牌声誉,就可以减轻消费者对于新药的不信任感。

2. 多品牌策略 多品牌策略是指医药企业根据目标市场的不同利益分别实行不同品牌的策略。由于大部分消费者对于药品品牌的忠诚度是非常有限的,容易受到其他品牌的影响,多品牌策略可以帮助企业定位于不同的需求人群,最大程度地形成差异化和个性化营销,吸引不同消费群体,扩大单一药品的市场覆盖面;同时品牌间彼此独立,可以把企业品牌战略风险降到最低。多品牌战略可以帮助企业在营销过程中占据较大空间,增加销售份额。但是多品牌策略要求企业具有很强的组织和管理能力,各品牌之间的市场定位要严格区分,具有十分鲜明的特点。

3. 品牌创新策略 品牌创新策略是指企业改进或合并原有品牌,设立新品牌的策略。一种是为适应市场变化,迎合消费者日益增长的消费需求,逐步改变原有品牌,而建立起新品牌的过程;还有一种是直接舍弃原有品牌,采用全新品牌。近年来,我国医药行业发展突飞猛进,出现了三大趋势:医疗服务渠道多元化,线上购药习惯迅速被强化;年轻群体的轻疾需求在线上,线下侧重于满足慢性疾病;消费者的需求日益分化、多元。医药企业需要通过加强品牌建设、提升产品质量等方面的工作,适应不断变化的市场和日益增长的消费者需求。

三、药品包装对消费心理的影响

药品包装是指用于保护药品、传递药品信息和便于药品使用的材料和设计。药品包装不仅涉及物理包装材料,还包括标签、说明书及其他相关信息,以确保药品的安全性、有效性和可追溯性。

(一) 药品包装的功能

1. 保护作用 防止药品在运输、存储和使用过程中受到物理损伤、污染或变质。保护药品免受光照、湿气、氧气和温度变化的影响,确保药品的稳定性和有效性。

2. 信息传递作用 包装上印有药品的名称、成分、用途、用法、用量、生产厂家、生产日期、有效期等关键信息,便于消费者和医务人员识别和使用。

3. 防伪和可追溯性 包装上包含防伪标识和批号,以帮助识别真伪和追溯药品的生产批次。

(二) 药品包装设计策略

1. 药品包装要符合相关的法律规定 国家药品监督管理局规定,自 2006 年 6 月 1 日起生产出厂的所有药品必须符合《药品说明书和标签管理规定》要求。

《药品说明书和标签管理规定》规定:药品外包装上的文字内容、位置、颜色、字体大小都有严格规定,不得超出说明书的范围,不得印制暗示疗效、误导使用和不适当宣传产品的文字和标识;不得在药品标签中标注与药品使用无关的内容;不得以突出显示某一名称来弱化药品通用名称,尤其药品商品名不得比通用名突出和显著；不得选用草书、篆书等不易识别的字体，不得使用斜体、中空、阴影等形式对字体进行修饰。在符合上述严格规定的前提下，生产企业和包装设计人员可依势定位，通过药品外包装更加有效地向消费者传递着产品信息。

2. 药品包装的文字图案设计要方便患者识别　对于不同药理作用的药品设计不同的象征性图案，例如治疗眼睛的药品标上眼睛的图案，治疗胃的药品标上胃的图案等。加入直观的图标或符号，如服用时间的图示(早餐、午餐、晚餐前后)、禁忌事项的警示标志等。针对视力受损的患者，可以在包装上增加盲文或触觉标识，帮助他们识别药品和理解使用方法。

3. 药品包装的颜色要与药性统一协调　药品包装的颜色既要传达出药品的本身特性，又要具备一定的审美价值，达到功能与形式的统一。不同年龄的消费群体有不同的消费心理动机。如老年人喜欢深沉华贵、典雅素净的包装设计，所以老年人服用的药品一般要以浅灰色、浅棕色作底色，或强烈的黑白对比等，而不宜用刺目的荧光色；儿童富于幻想，喜欢单纯、变化、五彩缤纷，其用药的包装宜采用明快、鲜艳的色彩，如红色、橘红色等。

4. 强化药品包装的外观造型　药品包装的外观造型在一定程度上可以强化品牌形象和刺激消费者的购买欲望，当多种药品混在一起时，如果外观极为相似，没有特殊的标记，一般患者会难以区别。生产企业可以把药品包装设计成不同形状，比如椭圆形、颗粒形、三角形、菱形等，甚至卡通头像造型，使产品与同类品种有所区分，这对于非处方药的品牌认知度有着重要作用。例如，有些创可贴采用卡通图案，色彩鲜艳，活泼可爱；有些儿童消食片，压成彩色异型片，加上了卡通形象的外包装。这种设计充分考虑了儿童的消费心理特点，即感性消费、从众、追求新奇。另外，有些消费者购买具有保健功能的药品是为了送礼，例如维生素补充剂、钙制剂，在关注预防作用的同时，对于包装造型要求新颖。

(三) 药品外观包装设计对消费心理的影响

药品包装最基本的作用是保护药品，方便消费者使用，但是在竞争日益激烈的药品市场，药品外观包装设计对消费者的购买心理起着重要的作用。

1. 外观包装要更人性化　药品外观包装要立足于消费者的需求，做到"以人为本"，体现包装的安全性、便利性、环保性等方面的人性化要求。例如，为儿童的用药安全设计安全盖；为口服液配备计量准确、使用方便的量杯；在包装上醒目提示"将药物放在儿童不能触及的地方"等；作为旅途中的消费者，对于药品包装的要求主要是使用方便、携带方便。

2. 外观包装要更个性化　个性化营销已经成为市场营销的主流模式，一些赏心悦目且有较高品位的包装，自然备受消费者青睐。药品包装在设计外观包装时要深入了解消费者需求，注重对人情人性的把握。例如根据消费者性别、年龄、职业的不同，在包装容量、材质、使用说明等方面都有所区别，结构上设置多种盒型，以适应不同类型、不同层次的消费者对包装的不同要求，满足消费者个性化的购买需求。

3. 外观包装要更人文化　药品消费群体具有强烈的情感需求，药品包装设计应重视消费者的生理需求和心理感受，激发消费者情感上的共鸣与认同。如在包装上印制一些鼓励的话语或祝福语，如"愿您早日康复"或"坚持治疗，健康在望"，增加患者的信心和舒适感，减轻购买者的心理负担而传递人文关怀和积极能量。

4. 外观包装要更本土化 外观包装要在当代社会背景中重视药品消费群体的感情认知、精神需求和审美变化，对传统文化进行重新解构，实现时代性和民族性相统一，本土化和国际化相结合，向世界传递本土优秀传统文化和中华民族特色，带来民族文化质的飞跃，让药品包装设计中的中华文化在国际市场得到全球化的接受与认同。

四、药品价格对消费心理的影响

（一）药品价格的构成和影响因素

1. 药品价格的构成 价格是一项以货币为表现形式，为商品、服务及资产所订立的价值数字，商品的价格主要受到自身价值和供求关系的影响。而药品作为一种特殊的商品，它关乎消费者的身体健康甚至是生命安全，国家对于药品实施指导价格，即对于纳入国家基本医疗保险药品目录的药品、少数具有垄断性质和特殊性质的药品，给予政府定价或政府指导价格，其他药品则由药企自主定价。由此可知，医药产品的价格构成主要包括研发和生产成本、流通费用、国家政策和企业利润等四个部分。

（1）研发和生产成本：药品的研发过程通常耗时长，费用高，包括基础研究、临床试验、法规审批等阶段。成功率低的高风险投资导致研发成本高昂，这部分费用往往会被转嫁到药品价格中。生产成本包括原材料、生产设备、人工成本以及质量控制等。对于生物制药等复杂工艺的药品，生产成本可能会更高。

（2）流通费用：药品从制造商到终端消费者之间的流通环节，包括运输、仓储、分销商和零售商的成本。每个环节都会增加药品的最终售价。

（3）国家政策：税收政策、药品价格监管、医保政策等都会影响药品定价。一些国家对药品价格实行严格管控，可能会导致价格的变化。

（4）企业利润：制药公司需要从药品销售中获得利润，以补偿研发失败的风险和公司经营成本。

2. 药品价格构成的影响因素

（1）国家政策因素：为了能够使生产经营者弥补合理生产成本和获取合理利润，保持药品价格在合理区间运行，国家出台了《中华人民共和国价格法》《中华人民共和国药品管理法》和《药品价格管理暂行办法》等法律法规对药品进行合理控制，减轻不合理负担，维护大多数人民群众的合法利益。同时也鼓励医药企业在政策允许的范围内展开合理的竞争，提高生产效率，进一步减轻消费者的负担。

（2）药品价值因素：企业在药品的生产和营销过程中所产生的费用。一种药品从前期研发、临床试验到投入生产、展开营销、存储运输等一系列过程都需要成本，产品的价格必须补偿药品在产出的过程中所有的支出，并能够满足企业为此所负担的风险的费用。

（3）市场供求因素：药品是特殊的商品，具有商品的一切属性，药品价格在一定程度上反映了供求状况。但由于药品的特殊性，药品的需求弹性，即药品价格变动对市场需求量的影响比较小。比如处方药,由于它的不可替代作用,药企就算降低了价格,消费者也不会争相购买,对企业来说没有实质性的经济效益。

(4)市场结构因素:在完全竞争市场中,有众多生产商和消费者,产品同质化,市场进入和退出自由,信息完全透明。药品市场通常不属于完全竞争市场,但在一些仿制药市场中,竞争接近完全竞争的状态。在垄断竞争市场中,虽然有很多生产商,但产品存在差异化,每个生产商都有一定的市场控制力,很多非处方药市场属于这一类型。寡头垄断市场由少数几个大公司主导,它们的行动会显著影响市场价格和供应,很多专利药和高技术含量的药品市场属于这一类型。垄断市场由单一生产商控制整个市场,没有直接竞争,通常见于某些罕见病药物,或专利药品的初期阶段。

(5)消费者因素:消费者的支付能力和对药品的需求是影响药品定价的重要因素。在有医保覆盖的情况下,因为保险公司会承担部分或全部药品费用,药品价格的直接影响会减弱。如果市场上有多种替代药品,消费者可以选择价格较低的选项,从而对药品定价形成压力。不同的购买渠道(如零售药店、网上药店、医院)可能提供不同的价格和折扣,消费者的选择会影响药品的定价。

(二) 药品定价的心理因素

消费者购买商品时会考虑两方面的因素:获得的效益和付出的成本,在综合考虑各方面因素的基础上,实现消费者价值最大化。

1. 价格折射心理 即消费者由于社会地位的不同,在购买药品时对产品价格、档次和品位有不同的要求,并作为自己声望和地位的折射,他们希望自己购买的是最有价值、最明智的产品,并渴望得到别人赞许甚至是崇拜,以此来体现自己在威望。

2. 价格信誉心理 消费者把药品的质量、效果跟价格等同起来,认为一分价钱一分货,重视医药企业的信誉度和社会责任感。在药品选择上很容易受品牌的影响,相信这些药品的疗效,成为忠实拥趸。

3. 价格实惠心理 作为药品消费者来说,都希望用最小的价值实现利益最大化,特别是一些老年消费者,一方面受身体功能的影响,他们对于药品的需求比较旺盛,另一方面他们对于药品价格变化比较敏感,容易受到价格因素的影响,药店花车上摆放的打折商品、会员日优惠商品成为他们的首选目标。

4. 价格对比心理 一些慢性疾病如高血压、慢性支气管炎等,病程长,病因复杂,健康损害严重,需要不断服药,会长期使用某类药品,因此对于药品的价格、功效等掌握比较精确,在购买时要不断比对决定是否购买,逐渐形成了惯性思维。如果药品价格发生变化,在短期内很难接受,需要大脑皮质重新形成一个认识的过程,通过重新比对以后才能决定是否购买,这需要很长的等待时间。

5. 新药品价格心理 消费者倾向于将新药的价格与现有药品进行比较,如果新药的价格高于现有药品,会认为是更有效或具有更多优势。稀缺性会增加药品的感知价值,消费者通常认为难以获得的药品更有价值,并愿意支付更高的价格。对于罕见病或特定患者群体的新药,独特性使得消费者愿意为其支付溢价。

(三) 不同心理因素的药品定价策略

1. 价格折射心理的整数定价策略　价格折射心理是指消费者对商品或服务的价格与其感知价值之间的关系和反应。这种心理现象反映了价格在影响消费者认知、态度和购买决策方面的复杂作用。整数定价法是指将价格设定为整数或接近整数的数值，以利用消费者对整数价格的偏好和心理接受度。这类消费者有一定的社会地位，向往高品质的生活，所以要把基本价格往上调整，使其凑成一个整数，即整数定价策略。特别是对一些名贵药品或高档保健食品，顾客往往通过价格衡量其价值，注重商品的象征性价值，而采用整数定价策略可以满足他的尊贵感心理。

2. 价格信誉心理的声望定价策略　价格信誉心理是指消费者基于对价格和品牌的信任和认知来作出购买决策的心理过程。消费者往往将价格与产品质量、品牌声誉等因素联系在一起，认为价格高的产品质量更好，品牌更可信赖。如某川贝枇杷膏专注镇咳、祛痰领域，企业利用其品牌的知名度、声誉和消费者价高质优的理解，通过高定价来传递产品的高价值和高质量信息。尽管定价比别的药企高，但是相当一部分忠实顾客仍然会购买其产品。

3. 价格实惠心理的尾数定价策略　消费者通常会在心中设定一个购买某类商品的预算。如果商品价格低于心理预算，他们会认为价格实惠。获得价格实惠的商品后，消费者通常会感到满足，认为自己作了一个明智的购买决策。尾数定价策略又称奇数定价策略或非整数定价策略，企业在定价过程中抓住消费者求实、求廉的心理，采用尾数定价法，给人以价格优惠的感觉，以此促进药品销量提高。它跟整数定价策略刚好相反，容易让消费者产生价格是经过精心计算、非常便宜的错觉。尾数定价法在欧美及我国常以奇数为尾数，如 0.99、9.95 等，这种定价法容易让消费者产生一种价格低廉、价格向下的概念。但由于"8"与"发"谐音，在定价中"8"的采用率也较高。

4. 价格对比心理的习惯定价策略　价格对比心理是指消费者在购买决策过程中，通过比较不同产品或服务的价格来评估其价值和作出购买决定的心理过程。不同地区的消费者由于地理环境、经济条件、生活习俗的不同会形成不同消费习惯，这种消费习惯会随着时间推移一代一代地流传下来，形成特定区域独有的价值标准，消费者轻易不会改变这个标准。如果企业强行改变这个标准，消费者就会转而寻找替代品，所以生产者宁可顶着成本上升的巨大压力也不愿意改变商品的价格。

5. 新药定价心理策略

(1) 取脂定价策略：企业在新药品推向市场时，在符合法律规定以及市场规律的范围之内，取一个尽可能高的销售价格的策略。这种策略需要的市场条件：一是药品属于独家经营，在高价销售的同时市场上仍无竞争者或竞争力量微乎其微；二是高价可能会丧失一部分消费者，但仍然获取比以前更多的利润；三是该药品市场需求量非常大，缺乏弹性，即使价格再高需求量也不会骤减；四是越高价格定位越容易使人们对该品牌产生高档、稀缺的印象。

(2) 渗透定价策略：也称为薄利多销策略，在新药品刚进入市场的时候把价格定得相对较低，以吸引消费者注意，抢占市场，提高市场占有率的策略。需要的市场条件：一是该市场消费者对于药品的价格因素考虑较多，低价会迅速占据市场份额，增加该品牌的社会认知；二是随着产品投放市场，企业生产经验的不断增加，生产规模、生产效益会扩大，最终实现利润率的提高；三是市场上不存在采取同样策略的竞争对手,而且在今后一段时间内也不会有竞争对手。

(3)温和定价策略:也称中间价格策略,温和定价策略是指企业以一种合理且易于接受的价格水平来为产品或服务定价,以吸引和维持消费者的忠诚度,同时避免因价格波动或过高定价导致的消费者流失。温和定价策略常用于成熟市场和竞争激烈的行业,其目标是实现稳定的市场份额和长期的盈利能力。

> **点滴积累**
>
> 1. 药品类型不同,在市场销售、服务传递方式等方面有显著差异。
> 2. 药品品牌具有识别功能、记忆功能、促销功能和保护功能。
> 3. 药品外观包装要体现人性化、个性化、人文化、本土化。
> 4. 药品定价的心理因素主要有价格折射心理、价格信誉心理、价格实惠心理、价格对比心理等。

第三节　药品信息推广营销策略

一、药品信息推广的意义

药品信息推广是指医药企业或其代理商通过各种渠道向医疗专业人员、患者和公众传达药品的相关信息,以促进药品的认知、使用和销售。药品信息推广的意义有以下几个方面:

(一) 提高药品认知度,扩大受众范围

通过多渠道的药品信息推广,能够增加品牌的曝光度,使更多的消费者了解药品的名称、用途和优势。品牌曝光度的提高有助于提升药品在市场上的认知度和接受度。药品信息推广通过覆盖广泛的受众,包括普通消费者、医生、药师等,确保不同群体都能接收到相关信息。这样,药品的受众范围得以扩大,潜在消费者的数量增加。

(二) 促进合理用药,增强消费者教育

药品信息推广通过提供药品的功效、适应证、使用方法、副作用等详细信息,帮助消费者了解药品的正确使用方法,避免误用和滥用。这有助于提高药品的使用安全性和有效性。通过健康讲座、科普文章、广告等形式,向公众普及药品知识和健康常识,增强消费者的健康意识和自我保健能力。合理用药的观念在公众中的普及,有助于减少疾病的发生和发展。

(三) 提高市场竞争力,建立品牌忠诚度

有效的药品信息推广能够提高药品的销售量,扩大市场份额。通过精准的市场营销和消费者教育,促进消费者购买决策,增加药品的销量和收益。通过持续的药品信息推广和优质的产品服务,建立消费者对品牌的信任和忠诚。品牌忠诚度的提升有助于企业在激烈的市场竞争中保持优势地位。

(四)推动公共健康,满足消费者需求

药品信息推广通过普及预防知识和健康管理理念,鼓励公众采取积极的健康行为,预防疾病的发生和传播。预防性用药和疫苗接种等信息的推广,有助于降低公共卫生风险。通过推广创新药品和治疗方案,提升公众的整体健康水平。药品信息推广可以加速新药的市场引入,帮助更多患者获得先进的治疗选择,改善生活质量。

药品信息推广还可以通过了解消费者的需求和偏好,提供个性化的用药建议和健康管理服务。通过多种渠道的药品信息推广,消费者可以便捷地获取所需药品信息,改善购药体验。在线咨询、电子处方、快捷配送等服务使购药过程更加方便和高效。

二、药品信息推广的主要形式

(一)传统媒体推广

1. 电视广告　电视广告具有广泛的覆盖面和强大的视觉冲击力,是推广药品信息的重要手段。通过生动形象的广告片,可以直观地向观众传达药品的功效和使用方法。

2. 广播广告　广播广告具有传播速度快、成本较低的特点,适合推广简单明确的药品信息。广播广告可以在短时间内覆盖广泛的听众,特别适用于车载和家居场景。

3. 报纸和杂志广告　报纸和杂志广告具有较强的信任度和阅读深度,适合推广专业性较强的药品信息。通过图文并茂的广告形式,可以详细介绍药品的功效、使用方法和注意事项。

(二)数字媒体推广

1. 网站和信息平台　企业官网和专业网站是推广药品信息的重要平台。通过发布详细的产品介绍、临床研究结果和消费者评价,可以提升药品的专业形象和公信力。

2. 搜索引擎广告　通过搜索引擎广告,企业可以在用户搜索相关关键词时,将药品信息精准地推送给目标受众。这种方式具有高度的针对性和较高的转化率。

3. 社交媒体　社交媒体通过发布图文、视频、直播等内容,可以与用户进行互动,增加品牌的曝光度和用户黏性。

4. 在线广告　在线广告包括横幅广告、弹窗广告、视频广告等形式,具有高度的可视性和灵活性。通过精准投放,可以有效吸引目标用户的注意。

(三)医疗专业渠道推广

1. 医学期刊和学术论文　在医学期刊和学术论文上发表药品相关的研究成果和临床试验数据,是提升药品专业形象和获得医生认可的重要途径。这类渠道具有高度的专业性和权威性。

2. 医药代表　医药代表具有专业知识和沟通技巧,可以详细介绍药品的功效、适应证和使用方法,解答医疗专业人士的疑问。

3. 学术会议和研讨会　通过参与学术会议和研讨会,企业可以展示其药品的最新研究成果和临床应用,增加药品在医疗专业领域的知名度和影响力。

(四) 直接面向消费者的推广

1. 药店促销　在药店进行促销活动,如打折、赠品、现场咨询等,可以直接吸引消费者的注意,增加药品的销售量。药店促销活动具有直接性和高效性。

2. 健康讲座和社区活动　通过组织健康讲座和社区活动,企业可以向公众普及健康知识和药品信息,增强消费者的健康意识和用药依从性。这类活动具有教育性和互动性。

3. 样品派发　通过派发药品样品,企业可以让消费者亲身体验药品的效果,增加购买意愿。样品派发具有体验性和信任度高的特点。

4. 电子邮件和短信　通过电子邮件和短信,企业可以向消费者发送药品信息和促销活动。电子邮件和短信具有成本低、覆盖面广、精准度高的特点。

(五) 数字化健康工具应用

1. 健康管理应用程序　企业可以开发健康管理应用程序,提供个性化的健康建议、用药提醒、健康监测等功能,通过增加用户黏性,推广药品信息。

2. 在线咨询平台　通过在线咨询平台,企业可以提供药品咨询服务,解答消费者的用药疑问,增加药品的信任度和使用率。

> **知识链接**
>
> **药品广告制作的注意事项**
>
> **1. 法规合规性**　遵循各国或地区药品广告的法律法规,避免夸大药品效果或隐瞒副作用,所有宣传必须基于真实的临床数据和科学证据。
>
> **2. 避免信息误导**　避免使用模糊或误导性的语言,确保广告中的所有信息都清晰、准确。必须在广告中包含药品的警示信息和副作用提示,确保消费者了解药品的潜在风险。
>
> **3. 符合伦理标准**　在广告中避免使用可能侵犯个人隐私的素材。确保广告内容尊重科学事实,不误导消费者。
>
> **4. 符合文化和社会规范**　确保广告内容符合目标市场的文化和社会规范,避免冒犯性内容。

三、药品信息推广对消费心理的影响

(一) 认知过程的影响

1. 提高品牌认知　药品信息推广的首要目标是提高药品的品牌认知度。品牌认知度是指消费者对某一品牌的认识和记忆程度。通过多渠道、多频次的信息传播,企业可以增强品牌的可见性和记忆度,使消费者在需要相关药品时首先想到该品牌。如某著名医药企业通过电视广告和社交媒体推广其新药,在短时间内大幅提高了品牌认知度。广告中强调药品的独特功效和安全性,并邀请名人代言,使消费者迅速记住了这一品牌。

2. 加深产品理解　药品信息推广不仅要让消费者知道药品的存在,还要帮助他们深入了解药品的作用机制、适应证、使用方法和可能的副作用。通过提供详细的产品信息,企业可以帮助消费者更好地理解药品,增加其使用意愿。如某抗生素生产商在其官网上提供了详细的产品说明、使用指南和常见问题解答,并通过视频演示正确的用药方法。这些措施显著提高了消费者对药品的理解和使用依从性。

3. 增强信息可得性 通过多渠道的信息传播,企业可以确保消费者在不同场景和渠道中都能接触到药品信息。这不仅增加了信息的可得性,还提高了信息的覆盖面。如某医药企业通过电视广告、社交媒体、电子邮件、短信等多种渠道向消费者传递产品信息,确保不同消费群体都能接触到相关信息。

(二)情感过程的影响

1. 情感诉求 情感诉求能够有效增强药品信息的吸引力和记忆度。在信息推广中,通过讲述感人至深的患者故事,展示治愈后的幸福生活,使用温暖关怀的广告语言,能够激发消费者的情感共鸣和积极情绪。例如,某胃药的广告讲述了一位年轻女性因长期胃部不适,错失了与朋友们的聚会和户外活动。广告展示了她开始使用该药物后,逐渐摆脱胃痛困扰,恢复了充沛的精力,并能够与朋友们共同享受愉快时光。广告通过展现她与朋友们开怀畅谈的场景,传递了胃部健康对社交生活和人际关系的重要性,触动了观众的情感,增强了该药品的吸引力,进而促进了消费者的购买决策。

2. 情绪反应 通过激发消费者的情绪反应,如安全感、信任感、焦虑感等,可以影响其对药品的态度和行为决策。正面情绪可以增强消费者的信任和购买意愿,而适度的负面情绪(如健康焦虑)可以促使消费者采取行动购买药品或咨询医生。如某医药企业在广告中强调药品的安全性和有效性,同时展示患者因使用药品而恢复健康的场景,增强了消费者的安全感和信任感。

(三)行为决策过程的影响

1. 权威效应 消费者更倾向于相信来自权威机构或专业人士的信息。通过展示权威机构的认证和医生的推荐,企业可以显著提高药品信息的可信度和说服力。如某医药企业通过与知名医院合作,进行大规模临床试验,并在广告中展示试验数据和专家点评。这些信息增强了消费者对药品的信任,显著提高了药品的市场接受度。

2. 社会认同效应 通过展示大量消费者的使用评价和体验分享,利用社会认同效应,能够促使更多消费者选择该药品。社交媒体上的用户评价和社区讨论都是增强社会认同的有效手段。如某医药企业在其社交媒体平台上定期分享用户反馈和成功故事,并邀请用户参与讨论和分享。这种互动不仅增加了品牌曝光率,还通过社会认同效应增强了消费者的购买决策信心。

3. 认知偏差与启发式决策 消费者在面对复杂信息时,往往采用简化的决策策略。通过提供简明的购买建议,使用指南和决策支持工具,企业可以帮助消费者作出快速且满意的决策。如某保健食品公司在其官网上提供了产品对比工具和推荐系统,帮助消费者快速找到适合的产品,显著提升了消费者的购买体验和满意度。

(四)长期心理影响

1. 建立信任感 通过持续的信息推广和优质服务,企业可以逐渐建立起消费者对品牌的信任感。信任感的建立不仅有助于提高消费者的购买意愿,还能增强其用药依从性和忠诚度。如某医药企业在其广告和官网上展示了药品通过的权威机构认证和详细的临床试验数据,显著增强了消费者对药品的信任和接受度。

2. 增强品牌忠诚度 持续的药品信息推广和客户关怀,如定期的健康资讯推送、会员服务、忠诚度计划等,能够增强消费者对品牌的忠诚度。品牌忠诚度的提高有助于企业在市场竞争中保持优势。如某医药企业通过其会员计划定期向客户发送健康资讯和优惠信息,并提供专属的客户服务渠道。这种持续的沟通增强了客户对品牌的忠诚度,提升了重复购买率。

点滴积累

1. 药品信息推广的意义在于提高药品认知度,扩大受众范围,促进合理用药,增强消费者教育,提高市场竞争力,建立品牌忠诚度,推动公共健康和满足消费者需求。
2. 药品信息推广的主要形式:传统媒体推广、数字媒体推广、医疗专业渠道推广、直接面向消费者的推广和数字化健康工具应用。
3. 药品信息推广对消费心理的影响包括认知过程的影响、情感过程的影响、行为决策过程的影响和长期心理影响。

第四节　购药体验营销策略

一、购药环境对消费心理的影响

消费者可以在不同类型的药店购买药品,如零售药店(连锁药店和独立药店)、医院药房、网上药店等。每种药店都有不同的产品供应、服务质量和价格策略。药店购药环境对药品的可及性、使用安全、市场竞争以及公共卫生都有着深远的影响。

(一) 药店外部环境对消费心理的影响

1. 药店位置选择的重要性 在现代商业环境中,地理位置不仅是一个物理坐标,更是影响药店业绩和顾客体验的战略性决策。在选择药店位置时,需考虑多个因素,如人口密度、人口特征、竞争环境、交通便利性、邻近设施、环境卫生和治安状况等,以确保能够最大限度地吸引顾客,提高销售额并建立长期的客户关系。

2. 药店外部设计对消费心理的影响

(1)颜色对消费心理的影响:蓝色和绿色通常与健康、宁静和信任感相关。蓝色可以帮助缓解焦虑,绿色则让人联想到自然和健康,有助于提升顾客的舒适感;暖色调(黄色和橙色)能够吸引注意力,激发愉悦和兴奋的情绪。适度使用暖色调可以提升药店的吸引力,鼓励顾客进入店内。

(2)形状和结构对消费心理的影响:柔和的曲线和圆形设计可以让顾客感到舒适和放松,减少环境的严肃性。直线和对称设计传递专业和可靠的形象,有助于提高顾客的信任感。

(二)药店内部环境对消费心理的影响

1. 药店装修布局设计 药店的装修布局应以功能性和美观性为基础,结合顾客需求和消费心理,创造一个舒适、便利的购物环境。

(1)入口区:入口是药店的第一印象,应该明亮、整洁,并设置明显的店名和标志。可以使用玻璃门窗,让店内的光线透出,吸引路过的顾客。在入口附近放置热门商品或促销产品,以吸引顾客进入店内。

(2)收银区:收银区应位于店铺的中央或靠近出口的地方,方便顾客结账。确保收银区的排队区域宽敞,避免拥挤。配备现代化的收银设备,提高结账效率。设置便捷的电子支付系统,满足不同顾客的支付需求。

(3)商品展示区:根据商品的功能进行分类,如处方药、非处方药、保健食品、医疗器械等。分类清晰,方便顾客查找。使用高度适中的货架,便于顾客取货和浏览商品。重要商品应放在显眼位置,增加曝光率。设计合理的动线,确保店内通道宽敞。

(4)休息区与隐私区:为顾客提供舒适的座椅,方便顾客在等待或休息时使用。可以设置在靠近咨询台或药师工作的地方,方便顾客咨询。为需要隐私咨询的顾客提供独立的咨询室或隔断,保证顾客的隐私安全。

(5)色彩与照明:选择温暖、舒适的色调,如浅绿色、蓝色和白色,营造清新、专业的氛围。避免使用过于鲜艳或暗沉的颜色。使用明亮、柔和的灯光,确保店内光线充足,展示商品的同时提升顾客的舒适度。重点区域如收银台、咨询台应特别加强照明。

(6)安全与法规:确保店内配备灭火器、紧急出口和应急照明等设备,符合消防安全标准。遵守相关卫生法规,保持店内清洁,确保药品的存放和展示符合规范。

知识链接

药店动线设计的基本原则

动线设计是药店布局的核心,旨在通过合理规划顾客和员工的移动路线,提升购物体验和运营效果。

1. **流畅性** 确保顾客在店内移动时没有阻碍和死角,方便顾客顺畅地浏览商品。

2. **指引性** 设置清晰的指引标识,引导顾客快速找到所需商品。

3. **合理性** 动线设计应考虑店内各功能区域的合理布局,如入口区、收银区、商品展示区、咨询区等。

4. **效率性** 动线设计应提高顾客的购物效率,同时方便员工的日常操作和补货。

---

2. 药店装修布局的心理效应

(1)第一印象效应:顾客的第一印象往往决定了他们是否会进入药店。整洁、明亮、有吸引力的外观和入口设计,可以有效吸引顾客。

(2)选择过载效应:过多的选择会让顾客感到困惑和压力。通过合理分类和陈列,可以帮助顾客更快找到所需商品,减轻选择压力。

（3）提升感官体验和参与感：舒适的色彩、柔和的灯光、清新的空气、适当的背景音乐、整洁的环境、专业的陈列和友好的服务，都可以提升顾客的购物体验，延长顾客在店内停留的时间。设置自助查询系统或互动屏幕，让顾客可以自主查询药品信息，增强顾客的参与感和满意度。

（三）药品陈列对消费心理的影响

1. 药品陈列的含义　药品陈列是指将药品按照一定的原则和方法进行分类和摆放，使其在药店、医院药房或超市等销售场所中展示出来。其目的是提高药品的可见度和可访问性，方便顾客或患者找到所需的药品，并提升整体销售和管理效率。

2. 药品陈列的原则

（1）安全性和功能性原则：处方药应放在柜台后面，由药师管理和分发，确保药品不会被滥用，高价值或容易滥用的药品应存放在安全区域，防止盗窃和滥用。根据药品的功能和用途进行分类陈列，方便顾客快速找到所需药品。常用药品和紧急药品应放在容易取用的位置，提高取药效率。

（2）可见性和便捷性原则：将重点药品和促销药品放在顾客视线水平的货架上，增加曝光率和销售机会。使用清晰的标签和标识，帮助顾客快速识别和找到药品。优化顾客的购物路径，按频率和类别将药品分区陈列，方便药师和顾客存取所需药品。

（3）美观性和灵活性原则：药品陈列应整齐排列，货架清洁美观，给顾客留下良好的视觉印象。使用协调的色彩和包装设计，使得药品展示更具吸引力。根据季节和流行病变化，及时调整药品陈列，增加相关药品的展示和销售。配合促销活动，灵活调整陈列位置和方式，突出特价药品和优惠组合。

（4）信息性和合规性原则：药品陈列应附有详细的标签，包括药品名称、用途、用法、剂量和注意事项。在陈列区域提供健康建议和用药指导，帮助顾客作出明智的选择。药品陈列和销售必须符合相关法律法规，确保所有药品的展示、存储和销售过程合规。确保陈列的药品在保质期内，并且储存环境符合药品要求，如温度、湿度等条件。

3. 药品陈列的类型　药店里的药品陈列要考虑到利于销售、兼顾展示、安全储存等目的，从这一角度来说，一般可以把药店的药品陈列分为三种类型：第一种是交易药品的陈列（柜台），如摆放药品的货架、货橱、售货柜台等；第二种是样品陈列（展示柜），如样品橱、橱顶、展览平台等；第三种是储备药品的存放（库房）。

（1）交易药品陈列：交易药品的陈列是药店中占比最大、最重要的陈列工作，对于药品的销售起到了关键作用。不论是何种药品，都具有待售、陈列、流动、更换等特点。因此，药店营销人员在摆放交易药品时要做到整洁，美观，丰满，定位，并且要便于消费者浏览、选购药品。

（2）样品陈列：样品陈列给人以醒目、明了的感觉，作为一种局部陈列，具有一定的向导与美化药店的功能。由于陈列空间的范围较小，只能容纳少量药品，因此，在陈列内容上，应从新产品、流行药品的颜色款式中，选择适量的样品；在陈列表现形式上，要力求简洁、明快、醒目；在陈列手法上，要顾及四面展示的效果，除沿着样品橱柜要考虑背景设计外，大都以采用无景象衬托的陈列为主,再辅之支架道具的配合,构成一个陈列体的立体画面。

(3)储备药品的存放:储备药品的存放是指已进入销售现场但未摆上货架和柜台的备售药品。此类药品虽无须进行陈列,但也要注意摆放整齐,以利于药店经理自身管理药品。另外,切忌在通道口和药店的安全出口处堆放储备药品。

知识链接

药品陈列的常见方式

1. **功能分类陈列**　按照药品用途分类。
2. **品牌陈列**　同一品牌的药品集中陈列。
3. **季节性陈列**　根据季节调整药品摆放。
4. **促销陈列**　促销药品放在显眼位置。
5. **重点陈列**　重点药品放在顾客视线水平的货架上。
6. **自助陈列**　开放式货架,顾客自助选购非处方药。
7. **柜台陈列**　处方药和特殊药品由药师管理和分发。
8. **垂直陈列**　药品垂直陈列在货架上,不同种类的药品放在不同层次。
9. **组合陈列**　相关产品组合陈列,方便顾客一站式购物。

4. 药品陈列的心理因素

(1)感知安全与信任:药品按类别和功能分类陈列,整齐有序,指引清晰,让顾客感到药店专业可靠,增加对药品质量的信任。

(2)视觉效果与吸引力:通过色彩和图案的搭配,以及良好的照明,突出重点药品。增强药品的可见度,让顾客感到舒适和愉悦,增加购买欲望。

(3)隐私保护与情感联结:在购买敏感药品时,提供隐私保护的咨询和购买区域,确保顾客个人信息和购药记录的保密性,让顾客感到被尊重和安心,增强顾客的信任感。

(四) 药店工作人员对消费心理的影响

1. 工作态度对消费心理的影响

(1)积极态度与消费者满意度:工作态度直接影响消费者的购物体验和满意度。当工作人员表现出积极、友善的态度时,消费者往往会感到受欢迎和重视,从而提升购物满意度。相反,如果工作人员态度冷淡或粗鲁,消费者则可能产生负面情绪,影响购买意愿和品牌印象。

(2)同理心与消费者忠诚度:表现出同理心的工作人员能够更好地理解消费者的需求和感受,提供个性化的服务。这种关怀和关注能让消费者感到被尊重和理解,进而增强其对品牌的忠诚度。研究表明,拥有高同理心的工作人员能够显著提高消费者的复购率。

2. 专业知识对消费心理的影响

(1)专业知识影响信任感:工作人员的专业知识对消费者的信任感有重要影响。具备丰富产品知识和行业经验的工作人员能够提供准确的信息和专业建议,帮助消费者作出明智的购买决策。这种专业性不仅能增强消费者对工作人员的信任,还能提升对品牌的信任感。

(2)专业指导影响购买决策:消费者在购物过程中常常需要工作人员的指导和建议。专业知识丰富的工作人员能够根据消费者的需求和偏好,推荐合适的产品或服务,从而影响其购买决策。研究显示,专业知识高的工作人员在促进销售和提升消费者满意度方面具有显著优势。

3. 沟通技巧对消费心理的影响

(1)有效沟通提升消费者满意度:沟通技巧是工作人员与消费者互动的重要手段。通过有效的沟通,工作人员能够准确理解消费者需求,提供及时和有效的服务。良好的沟通技巧不仅能提高消费者满意度,还能减少服务过程中的误解和冲突。

(2)积极反馈促进消费者行为:积极的反馈和赞扬能激励消费者,增强其购买信心和积极情绪。工作人员通过语言和非语言的沟通技巧,如微笑、眼神交流和积极的肢体语言,能够传达友好和关怀,提升消费者的购物体验。

4. 店员形象对消费心理的影响

(1)统一的制服和整洁的仪表:这种专业形象有助于提升顾客的信任感和对药品质量的信赖,让顾客感到店员具备专业知识和技能。

(2)佩戴名牌和专业认证标识:特别是在需要咨询健康建议时,可以增加顾客的信任感。

二、购药渠道对消费心理的影响

(一) 购药渠道的演变阶段

购药渠道是指消费者获取药品的途径和方式。随着技术的发展和市场的变化,购药渠道变得多样化。购药渠道的演变经历了多个阶段,每个阶段都有其独特的特点和驱动因素。从传统的实体药店到线上购药渠道,药品零售方式经历了显著的变化。

1. 传统实体药店阶段

(1)早期药房:提供处方药和非处方药,药师提供基本的用药咨询。由于药房规模小,药品种类和数量有限,价格通常较高。早期的药房通常为私人经营的小型店铺,主要服务于本地社区,与顾客关系紧密,信任度高,药师可以提供个性化的服务和专业建议。但药品种类和数量有限,无法满足所有顾客的需求,服务范围有限。

(2)连锁药店:随着城市化进程,连锁药店逐渐兴起,形成规模化经营,统一管理,集中采购,价格较为透明,服务标准化,实现了统一品牌和价格的优势。药品种类丰富,服务范围广泛,除了药品销售,还提供健康产品、医疗器械、健康检测等增值服务。连锁药店通常配备执业药师,提供专业的用药指导,但个性化服务有限。

2. 大型超市和便利店阶段

(1)超市药品区:提供常见药品和保健食品,顾客可以在购买日常用品的同时购买药品,部分超市还提供简单的健康检测服务。超市药品区的设立,满足了顾客一站式购物的需求,营业时间通常较长,方便顾客随时购买药品。但药师服务有限,专业用药咨询较少,药品种类有限,主要集中在常见的非处方药。

(2)便利店药品区:提供常用药品和保健食品,主要销售常见的非处方药,部分便利店还提供简易医疗用品。便利店的营业时间通常为24小时,提供全天候服务,主要满足顾客的紧急购药需求。但药品种类有限,缺乏专业服务,药师通常不在场,无法提供专业的用药指导。

3. 线上购药渠道阶段

(1)电商平台:提供广泛的药品种类,顾客可以在线下单,快递送货上门,部分电商平台还提供在线药师咨询服务。电商平台通过在线销售药品,打破了地域限制,药品种类丰富,价格透明,配送便捷,特别适合远离大城市的消费者和行动不便的人群。但缺乏面对面的用药指导,而且冷链药品的配送成本高。

(2)专业药品电商:提供专业性强的药品销售、在线药师咨询、健康管理服务,部分平台还提供慢性疾病管理和药物使用指导服务。专业药品电商注重专业性和服务质量,药品种类齐全,药品质量有保障,配送服务专业。但需要较高的网络技术支持,老年人群使用相对不便。

4. 其他创新购药渠道阶段

(1)自动售药机:销售常见的非处方药和急需药品。部分售药机还提供简单的健康检测服务。自动售药机通常设立在社区、医院和大型商场内。便捷高效,随时可用,适合紧急购药需求。占地面积小,成本较低,覆盖范围广。但药品种类有限,缺乏专业用药指导,技术维护和补货管理需要专业人员。

(2)社区健康管理服务:通过整合数字化工具和线上平台,社区健康管理服务可以提供慢性疾病管理、健康咨询、定期健康检查和药品配送等服务。社区医生或在线健康顾问会根据患者的健康状况和需求,提供个性化的健康管理建议,并有针对性地推荐药物和治疗方案。这类服务因其覆盖面广、便捷性强,能够为患者提供更接近生活的健康管理。然而,服务质量可能因地区资源的差异而有所不同,同时,由于需求不断增长,部分地区的社区医疗资源可能面临超负荷运作,从而影响服务质量。

5. 购药渠道的未来趋势

(1)线上线下融合:未来药品销售将进一步融合线上和线下渠道,提供更加便捷和个性化的服务。将线上和线下的优势结合起来,提供无缝的购物体验。

(2)智慧药店:智慧药店通过智能化的设备和系统,利用人工智能和大数据技术,提供高效的管理和个性化服务。

(二)购药渠道演变的驱动因素

1. 技术进步 互联网的发展推动了电商平台和移动购药应用的兴起。电子商务和移动互联网的普及,使得购药渠道更加多样化和便捷化。物流配送技术的提升保证了药品的快速、安全配送,尤其是冷链药品。

2. 消费者需求变化 现代社会快节奏的生活方式,使得消费者希望能够随时随地购买所需药品,越来越重视购物的便捷性和时间效率。随着健康意识的提升,消费者对个性化健康管理的需求不断增加,希望获得更多的用药指导和健康管理服务。

3. 医疗体制改革 医药分开政策的实施,打破了医院对药品销售的垄断,使得购药渠道更加多样化。医保覆盖范围和报销比例的调整影响了消费者的购药渠道选择,消费者在选择购药渠道时更加注重价格和服务质量。

(三)消费者选择不同购药渠道的心理因素

1. 安全感和隐私　消费者希望所购买的药品是安全的、有效的,并且来源可靠。因此,品牌信誉、药品的质量和来源渠道的可靠性是关键考虑因素。一些消费者会考虑到购药时的隐私问题,尤其是涉及敏感或隐私性较强的药品。因此,保护隐私的购药渠道,如在线购药平台,会更受欢迎。

2. 便捷性和消费习惯　药品购买的便捷程度,包括购买过程的简便性、药品的可及性以及配送速度等,会影响消费者的选择。在线购药平台和附近药店的便利程度会成为重要考量。一些消费者习惯于在特定渠道购药,无论是线下药店、医院药房还是在线购药平台,这种消费习惯也会影响他们的选择。

3. 价格与服务质量　消费者会比较不同渠道的价格,选择性价比高的渠道。同时,促销活动、折扣和优惠券等也会影响消费者的购买决策。消费者期望在购药过程中获得专业的药师咨询和售后服务,包括用药指导、副作用的提醒,以及药品的储存和使用方法等。因此,提供良好服务的药店或在线平台更能赢得消费者的青睐。

4. 健康意识和品牌忠诚度　消费者对自身健康的重视程度以及对药品知识的了解会影响他们的选择,倾向于选择他们认为更符合他们健康需求的渠道。对品牌或药店的忠诚度也会影响他们的购药选择,倾向于选择他们信任的品牌或经常光顾的药店。

三、延伸服务对消费心理的影响

(一)延伸服务的类型

"延伸服务"指的是企业或组织在其核心产品或服务之外,提供的附加服务或额外支持,以提升客户体验,增加客户满意度和忠诚度。

1. 患者教育和信息服务　提高患者对药物和疾病的理解,确保药物的正确使用。如提供详细的使用指南;在线健康教育资源,如视频、文章和互动工具;病情管理手册和疾病教育材料。

2. 患者支持计划　帮助患者管理他们的治疗,提高依从性和治疗效果。如定期的电话或短信提醒,提醒患者按时服药。个性化的治疗计划和随访服务。提供专门的药物支持热线,解答患者的疑问。

3. 经济援助计划　帮助经济困难的患者获得所需的药物,减轻他们的财务负担。如赠送药物折扣卡或优惠券,免费药物样品等。

4. 心理和情感支持　帮助患者应对疾病带来的心理和情感挑战,提供全面的健康支持。如组织患者支持小组和社区活动,提供心理咨询和情感支持热线,提供相关的心理健康资源和工具。

5. 健康和生活方式管理　通过全面的健康管理,帮助患者改善生活质量。如提供营养和饮食建议,运动和康复计划。运用健康监测工具和应用程序,帮助患者跟踪健康指标。

6. 数字健康工具 利用科技手段提高药物管理和健康监测的效率。如药物提醒应用程序,帮助患者按时服药。在线药物管理平台,提供个性化的健康报告和分析。远程医疗服务,提供在线咨询和随访。

7. 物流和配送服务 确保药品及时、安全地送达患者手中。提供快速、可靠的药品配送服务。提供冷链运输,确保药品的质量和安全。送药上门服务,方便患者获取药物。

(二) 延伸服务的目的

1. 提升客户满意度和忠诚度 通过提供超出客户预期的服务,使客户在使用产品或服务时感到满意,进而提升整体客户体验。通过提供高质量的延伸服务,增强客户对品牌的信任和依赖,从而增加客户的忠诚度,促进长期合作关系。

2. 差异化竞争,降低客户流失率 在竞争激烈的市场中,通过独特的延伸服务,建立起与竞争对手的差异化优势,吸引更多客户。通过提供持续的支持和服务,减少客户在使用过程中遇到的问题和困扰,从而降低客户流失率,保持客户群体的稳定。

3. 提升品牌价值,促进销售和收益 通过提供全面的服务和支持,提升品牌在客户心中的价值和形象,带来附加销售机会,使品牌更具竞争力,促进整体销售额和收益的增长。

(三) 延伸服务的心理影响

1. 购买便利性与价格透明性 延伸服务显著提高了购药的便利性,减少了消费者的时间成本。在线购药平台和 24 小时配送服务使消费者可以随时随地获取药品,特别是在紧急情况下,这种便利性显得尤为重要。在线购药平台提供价格透明和比较服务,使消费者能够轻松找到性价比最高的药品。这种透明性减轻了消费者对价格的不确定性和焦虑,提升了他们的购买意愿。

2. 感受信任与安全 延伸服务的规范性和专业性增强了消费者的信任感。正规在线药店、认证配送服务以及专业的在线咨询减少了消费者对药品质量和安全性的担忧,增加了购买的信心。不愿公开自己病情的消费者,在线购药和配送服务提供了隐私保护,减少了面对面购药带来的尴尬和不适。

3. 感受个性化服务 体验个性化的购药服务,增强了消费者的忠诚度和满意度。如根据病史推荐药品、提供健康管理建议、定期提醒购药等,这类服务让消费者感受到被关注和照顾,增强了他们的消费体验。随着延伸服务的普及,消费者逐渐习惯并依赖这些服务。这种习惯和依赖一旦形成,消费者可能更倾向于选择提供优质延伸服务的渠道,而不再回归传统的购药方式。

案例分析

延伸服务满足消费者需求

案例: 一家药店为消费者提供健康咨询服务,聘请了专业的药师和营养师对消费者进行用药指导和营养建议。一位中年女性消费者在接受咨询后表示:"我本来只是想来买些感冒药的,但药师非常耐心地询问了我的症状,并给了我一些很实用的用药建议。我还顺便咨询了营养师关于如何改善饮食的问题,得到了很多有价值的建议。"

分析：药品销售的延伸服务（如该案例中的健康咨询服务）通过提供专业的指导和建议，增强了消费者对药店的专业性和可靠性的认知。这种服务模式不仅满足了消费者对健康信息的需求，还建立了药店与消费者之间的信任和互动关系。

> **点滴积累**
>
> 1. 药店购药环境包括药店外部环境、内部环境、药品陈列和药店工作人员的服务等方面。
> 2. 购药渠道的演变经历了多个阶段，每个阶段都有其特点和驱动因素。
> 3. 延伸服务从多个方面影响着消费者的购药体验。

ER 6-2

第六章
药品营销策略对消费心理的影响
（习题）

目标检测

1. 药品目标市场定位对消费心理的影响有哪些？
2. 药品品牌的心理功能有哪些？
3. 药品信息推广的主要形式有哪些？
4. 药品信息推广的心理学因素有哪些？
5. 购药体验如何影响消费心理？

（方　正　马梅滋）

第七章　药品营销人员素质和能力要求

ER 7-1

第七章
药品营销人
员素质和能
力要求
（课件）

导学情景

情景描述：

　　一家大型医药企业的某位药品营销代表,正负责推广某一种新型抗过敏药。该药物在临床试验中显示出良好的疗效和较少的副作用,但市场竞争激烈,许多医生和患者对新药的认知度不高。为此,这位药品营销代表花费了大量时间学习药物的相关知识,不断更新自己的知识储备,能够准确地回答医生和患者的各种问题,赢得了医生和患者的信任。同时,他还定期进行市场调研,利用数据分析工具,跟踪药物的销售数据和市场反馈,了解竞争对手的产品和患者的购买市场动态,并根据市场变化迅速调整营销策略。最终,该抗过敏药的销售额在这位药品营销代表负责的区域内显著提升,市场份额逐步增加。

学前导语：

　　一个优秀的药品营销人员可以通过专业知识、有效的沟通、敏锐的市场洞察力和卓越的解决问题能力,赢得客户的信任和公司的认可。本章主要讲述药品营销人员应具备的基本素质和能力要求。

第一节　药品营销人员的素质要求

一、职业道德素质

　　职业道德素质是现代医药企业药品营销人员必备的一个基本条件,是营销人员心理素质中的核心内容,其高低程度甚至能够直接决定了其他素质发挥作用的方向,决定了医药企业满足消费者需要的程度。药品营销人员职业道德素质是药品营销人员在职业活动中应遵循的行为准则和行为规范的总和。

(一) 遵纪守法,爱岗敬业

这是药品营销人员最基本的政治素质体现。药品营销人员是医药企业和药品消费者沟通的桥梁,是医药产品、信息和相关服务的提供者,必须充分认识到自己工作的价值和意义。在药品营销过程中,药品营销人员要遵纪守法,明辨是非,坚守原则,不会因为利益、亲疏关系等混淆是非,颠倒黑白。

1. 合法经营 药品营销人员在药品经营活动中,要做到合法经营。首先,充分理解《药品管理法》、《药品经营质量管理规范》(简称 GSP)和《药品流通监督管理办法》等相关的法律、法规、政策,以及职业道德对合法经营的重要意义,注重职业道德和对药事法律法规的学习,动态更新法律法规理论知识,不断提高法律素质。其次,应在职业道德和法律框架内开展药品采购、销售及咨询等职业活动,自觉维护药品生产、经营、流通等领域的正常秩序,严禁假冒伪劣药品进入流通领域,杜绝行贿、带金销售等恶性营销行为。

2. 忠于职守 药品营销人员在职业活动中,应诚实守信,忠于职守,热爱本职工作,不断树立强烈的事业心和高度的责任感,培养职业的使命感、幸福感和荣誉感。要牢固树立"客户第一,服务至上"的营销理念,真正以提高人们健康水平和生命质量为宗旨,不断提高自己的专业素质,钻研业务知识,全心全意为药品消费者提供更加优质的服务。药品营销人员应以精益求精的职业品质和刻苦钻研的精神,不断加强对医药基础知识、药品经营管理知识等专业知识的学习,不断提高业务素质,科学合理地实施药品营销活动。

(二) 质量为本,真诚守信

不同于其他行业的营销人员,药品营销人员所推销的药品关系到消费者的生命安全,必须要保证药品的质量。所以,诚实守信是药品营销人员最重要的职业道德素质之一。这就要求药品营销人员必须牢固树立质量意识,把好药品流通环节的质量关,积极预防和处理可能引起药品质量改变的因素,销售符合国家质量标准的药品,确保人们用药安全有效等。同时,作为药品营销人员,应明确消费者购买的不仅仅是药品,还有期望,他们同时希望在获得实体药品的同时也获得心理上的满足。因此,改善服务质量,提高客户的满意度,已成为企业和营销人员求生存的最佳途径。

此外,真诚守信是做人、做事的基本准则,虚假失信行为将会损害集体、个人的荣誉及利益。诚信经营能够赢得客户信任,收获效益,过硬的药品质量和服务能够体现企业对消费者的尊重和重视。在药品营销活动中,药品营销人员应以客观实际作为依据,准确地向医生和药店提供药品的信息,不夸大药品的功效或作用,不缩小或掩饰药品的不良反应及缺陷,力求做到真、诚、实。同时,还要实事求是地处理消费者的意见、抱怨及投诉。

(三) 急人所难,救死扶伤

药品营销人员所从事的是一种维护人们生命健康的服务性职业,服务的最终对象是身患疾病的人群。在职业活动中,应急他人之所急,想他人之所想,坚持"以人为本,以人为中心",平等地尊重人、关怀人、照顾人,热心主动帮助别人解决困难,充分体现救死扶伤及全心全意为人民服务的精神,在为他人服务中体现职业价值。首先,药品营销人员应一视同仁。无论贵贱贫富、怨亲善友,均应一视同仁,将消费者的利益放在首位,平等地为每一位消费者提供热情周到的服务。其次,药品营销人员应做到业务熟练。只有不断地丰富医药知识和职业技能,才能为消费者提供优质的服务,尽到职业责任。

(四)文明经商,注重礼仪

文明经商,注重礼仪是遵循社会主义经济体制下的经营思想、经营作风和经营道德的要求。认真执行价格政策,客观地对待竞争对手,坚持原则,公平销售,不利用职务之便谋取私利,切实维护市场秩序。礼仪的基本要求是贵在尊重,注意细节,有始有终,避免禁忌。药品营销人员应注重商务礼仪,培养礼仪素养,不断改进服务方式,改善服务态度,做到主动、热情、耐心、周到。

二、业务素质

知识面的宽广与否一定程度决定了药品营销人员的业务素质。一般来说,一个优秀的药品营销人员应该具备下列几方面的知识。

(一)基本理论知识

药品营销人员应当掌握必备的有关药剂学、药理学、药物化学和药物分析等学科的基本理论、基本知识,以及药物与生物体相互作用、药效学和药物安全性评价等理论知识。熟悉相关的医学知识、药事管理法规政策与市场营销的基本知识。丰富的理论体系有助于提升药品营销人员的销售能力和技巧。

(二)药品知识

药品知识涵盖的范围非常广泛,药品营销人员销售药品需要具备的知识包括药品的基础知识、药品的外围知识、药品营销的诉求点等几个方面。药品营销人员在工作中要全方面地了解所经营药品的相关知识,如药品的成分、适应证、剂型、用法用量等。只有这样,才能够准确地向消费者作介绍,才能正确推荐药品,给消费者提供科学合理的建议,保证消费者用药安全有效,取得消费者的信任。

(三)企业知识

药品营销人员代表的是医药企业的形象,如果有关自己企业的问题不能迅速作出明确的回答,往往会给消费者留下不好的印象。因此,药品营销人员应掌握本企业的历史背景、企业主要管理人员的资料、企业经营的范围和经营的产品、企业近期的重大举措、远期的发展目标、企业在同行业中的地位、生产能力、技术水平、设备状况、企业发展战略、定价策略、销售政策、交货方式、付款条件、服务项目等。

(四)客户知识

药品营销人员要掌握一定的心理学、社会学、营销学等社会科学方面的基本理论和知识。在实际工作中必须知道面对的目标客户是谁,目标客户需要的服务是什么,满足目标客户的方法有哪些。只有善于分析和了解各类目标客户的特点,才能针对各类目标客户的不同心理状态,制定或采取不同的、恰当的药品营销策略。

(五) 市场知识

药品营销人员应熟悉现实客户的购买力情况及分布规律,了解潜在客户的需求量及分布情况,能够研究和分析目标市场环境变化。识别并分析不同的患者群体、医生和医疗机构的需求和偏好,以便制定有针对性的营销策略。了解市场竞争格局,分析主要竞争对手的产品、市场份额、定价策略和营销活动。关注行业动态和趋势,包括新技术、新疗法和市场变化。

(六) 社会知识

药品营销人员应了解所在国家或地区的医疗卫生体系,包括公共和私人医疗保险、医院的运作方式等。掌握有关药品管理、销售和使用的法律法规及政策,如医保报销政策、处方药管理条例等。理解并尊重不同文化背景下的医疗实践、患者态度和医生行为,能够在多元文化环境中进行有效沟通。了解社会对健康、疾病和医疗的普遍看法和态度,能够利用这些知识进行有针对性的市场推广。

(七) 法律知识

当某种药品经过种种努力营销成功之后,买卖双方就确立了相应的权利和义务,也就是产生了相应的法律关系。因此,药品营销人员应知晓与营销有关的经济行为和法律效力等问题,还需要掌握相关的法律知识。比如,药品营销人员应该知道签约的基本流程、签约内容的法律规范、合同的公证程序、合同的变更程序、合同的解除程序、买卖纠纷、买卖仲裁、买卖诉讼,以及与税收、财务结算、票据管理有关的法律规定等。

三、身心素质

(一) 身体素质

强健的身体是成功营销的前提条件。药品营销人员的工作特点是复杂的脑力劳动和艰苦的体力劳动兼而有之,药品营销人员经常出外拜访客户,在必要时还得携带样品或大量产品说明资料,有时部分医疗器械还需要营销人员安装、操作、维修等。现代医药企业市场营销工作的流动性大,活动范围大,连续作业时间较长,如果没有良好的体质,就无法胜任这项具有挑战性的工作。因此,药品营销人员应养成良好的生活习惯,坚持身体锻炼,合理饮食,保持良好的心态,以健康的体魄、清醒的头脑、旺盛的精力、饱满的热情投入到销售工作中。

(二) 心理素质

从心理学的角度来看,多数情况下心理素质往往代表"心理承受能力",是指人们应付、承受和调节各种心理压力和负性情绪时的承受和调节能力。它主要体现在人们的情绪调节和心理行为活动的稳定性方面。药品营销人员的心理素质则是指药品营销人员在药品营销活动中应具备的心理品质,它是药品营销人员整体素质的一个重要构成部分。

营销活动是否能够顺利实施和完成,与药品营销人员是否具备良好的心理素质有着密切关系。好的心理素质是现代医药企业营销人员所必须具备的一个基本条件。在营销活动中,药品营销人员需要与医生、患者等不同的推销对象进行各方面的信息交流、心理沟通，并逐渐实现自己的营销目的。在这个过程中，营而未销、营而不销的情况会经常发生，有时还要遭受客户的怀疑、冷眼甚至拒绝，营销人员对此要充分地预估，做好以下几点：

1. 坚定的信念 不论在哪一个行业，所有成功的人，都拥有着强大的内心和坚定的信念。药品营销人员想要获得成功，也应在内心中时刻激发自己的潜力，不断鼓励自己勇往直前，鞭笞自己克服销售途中的各种困难、恐惧，还要积极面对并战胜各种各样的竞争对手。作为一名药品营销人员，应该有这样一种心态："世上无难事，只怕有心人""不管遇到多大的困难，我都能对付，我都能解决，我都能完成"。这样一种感觉就是坚定的信念，这种信念是在不断"吃一堑，长一智"的过程中逐步建立起来的。

2. 豁达的性格 性格是指人的性情品格，是人对现实的稳定态度和与之相适应的习惯化了的行为方式及心理特征。药品营销人员的性格是决定其行为倾向的最重要的心理特征之一。在营销活动中，药品营销人员经常遇到客户的拒绝和抵触。这就需要他们具备诚恳、谦虚、热情、谅解等性格特征，尊重每一位客户，了解客户的内心真实需求，以获得营销的成功。另外，为符合营销人员的角色行为和心理要求，药品营销人员还应具有独立性、事业心、责任心等性格特征。

3. 坚强的意志 意志是确定目的并选择手段以克服困难、达到预定目的的心理过程。药品营销活动并不是一蹴而就的事情，被冷落、拒绝、嘲讽、挖苦，每一次挫折和打击都可能导致情绪的低落、自我形象的萎缩或意志的消沉，最终影响业务的拓展，或者干脆退出竞争。所以，药品营销人员想要在复杂多变的营销环境中实现与客户的有效沟通，完成药品营销的工作和任务，就必须具备坚强的意志力，不断地克服来自各种主客观原因造成的心理障碍，经历各种磨难和考验，不断努力，充分挖掘潜能，从内心对工作拥有强烈的责任感和自信心，并把工作作为一项神圣的事业来看待，只有这样才能保持工作的动力源泉，也一定能够享受到成功的快乐。

4. 稳定的情绪 在药品营销的过程中，市场环境变化万千，各种各样的情况都可能出现。如果可以顺利地成交，药品营销人员自然感到愉快；如果沟通发生矛盾或受到客户指责，药品营销人员则会感到委屈。当这些情况出现的时候，药品营销人员的情绪必然会发生波动，也自然会感染到客户的情绪。因此，药品营销人员应在工作过程中切忌浮躁，保持乐观而稳定的情绪，用良好的态度、理性的方式与各种类型的消费者打交道，融洽相处。

5. 良好的气质 气质在社会生活中所表现的是一个人从内到外的一种内在的人格魅力，是与生俱来的。气质虽然不是影响药品营销人员营销业绩的直接因素，但却可以影响其营销活动的效率，从而对营销活动产生影响。对药品营销人员而言，应该根据自身的气质特点，扬长避短，展示自己符合职业要求的良好气质。

四、礼仪素养

礼仪素养是在商务活动中体现相互尊重的行为准则，用来约束药品营销人员方方面面的行为表现。礼仪素养的核心作用就是体现人与人之间的相互尊重。因此,礼仪素养在药品营销活动中尤为重要。药品营销人员是企业的外交官,是企业与客户沟通的友好使者。药品营销人员所代表的不仅仅是个人,也代表企业。为树立良好的企业形象,药品营销人员应当掌握在营销活动中的仪表、举止等方面的礼仪规范,培养自身的礼仪素养,以教养体现细节,细节展现素质。

(一) 仪表礼仪

对药品营销人员来说,对服饰最基本的要求是整洁、得体、自然、大方。要给人一种精神、富有活力的感觉。服装打扮要根据交往的对象、时间、外界环境等条件而相应调整。在与客户接触时,药品营销人员应多注意他们的穿着特点,并努力使自己与他们靠近。因为穿着与对方保持一致或接近时,对方更容易接近自己,彼此也更容易达成共识。

服饰打扮还要因人而异。要注重整体效果,从头到脚应该相互辉映,协调搭配。整体的效果离不开细节各方面的杰出表现,细小的方面更能体现一个人的形象风格。

(二) 举止礼仪

药品营销人员要塑造良好的交际形象,必须讲究礼貌、礼节,为此,就必须注意行为举止,要做到彬彬有礼,落落大方。

药品营销人员在与客户交往时,第一印象尤为重要。第一印象是和他人初次见面进行几分钟谈话,他人在你身上所感觉的一切现象,包括仪表、礼节、言谈举止,对他人的态度、表情,说话的声调、语调,姿态等诸多方面。药品营销人员给客户的第一印象往往会决定交易的成败。客户一旦对药品营销人员产生好感,自然也会对药品营销人员推销的药品有好感。

另外,药品营销人员要养成良好的习惯,克服各种不雅举止。不要当着客户的面掏耳朵,剔牙齿,修指甲,打哈欠,不要乱丢果皮纸屑等。这虽然是一些细节,但它们组合起来将构成客户对药品营销人员的总印象,所以应引起注意,做到举止文雅得体。总之,药品营销人员在行为举止方面,要尽量给人以"站如松,坐如钟,走如风,无不雅"的整体印象。

> **知识链接**
>
> ### 药品营销人员访问客户办公室时的礼仪
>
> 药品营销人员来到客户的办公室进行访问时,进门之前应按门铃或轻轻敲门,然后站在门口等候,按铃或敲门的时间不要过长,无人或未经主人允许,不要擅自进入室内。当看见客户时,应该点头微笑致礼,如无事先预约,应先向客户表示歉意,然后再说明来意。在客户尚未坐定之前,药品营销人员不应先坐下。坐姿要端正,身体微向前倾,不要跷二郎腿。要用积极的态度和温和的语气与客户谈话,客户谈话时,要认真听,回答时,以"是"为先。携带好所需的宣传资料、名片、产品样品等,提前整理好,方便随时取用。面对客户提出的各种问题和需求,保持灵活应变,尽力解决或记录下来事后跟进,展示出良好的服务意识。拜访结束时,向客户表示感谢,礼貌告别,并重申对后续合作的期待。拜访结束后,及时发送跟进邮件或电话,感谢客户的接待,并确认下一步的合作细节。

点滴积累

1. 药品营销人员职业道德素质主要包括遵纪守法、爱岗敬业,质量为本、真诚守信,急人所难、救死扶伤,文明经商、注重礼仪等。
2. 药品营销人员的业务素质主要包括基本理论知识、药品知识、企业知识、客户知识、市场知识、社会知识等。
3. 药品营销人员的心理素质主要包括坚定的信念、豁达的性格、坚强的意志、稳定的情绪、良好的气质等。
4. 药品营销人员的礼仪素养主要包括仪表礼仪、举止礼仪等。

第二节 药品营销人员的能力要求

一、市场分析能力

(一) 观察能力

在药品营销过程中,消费者深层次的需求是不容易被发现的,这就需要药品营销人员具备敏锐的观察能力。药品营销人员的观察力是营销沟通活动中的潜在能力。药品营销人员不仅要了解消费者所要购买的商品,而且要了解消费者的真正购买意图是什么。在营销沟通过程中,需要药品营销人员敏锐地观察消费者的言行、举止、表情、服饰、发型等,以此挖掘消费者真实的利益诉求点。因此,观察力就成了揭示消费者购买动机的重要一环。

(二) 分析能力

药品营销人员在具备敏锐的观察能力的同时,还应该具备良好的分析判断能力,这是药品营销成功的关键。因为这种能力能帮助药品营销人员了解客户的购买行为、偏好和需求,进行客户细分和定位,制定个性化的营销策略。同时帮助药品营销人员作出数据驱动的决策,提高营销效果,并优化资源配置。

(三) 计划能力

"凡事预则立,不预则废",药品营销人员在工作中应该做好两项计划:一个是个人的计划,即职业规划;第二个是工作计划。营销工作的性质往往使工作带有很大的随意性和突发性,营销人员如果没有计划性,往往会造成每天忙个不停,但重要工作被无限期拖延的结果。

(四) 组织能力

药品营销人员的组织能力主要体现在项目管理能力、团队协调和沟通能力、策略实施能力、组织相关活动的能力,营销人员需整合所能掌握的资源,根据市场变化和反馈,能够高效地管理和协调各项营销活动,确保营销计划的顺利实施,从而推动公司业务的发展和市场份额的提升,灵活调整营销策略,保持市场竞争力。

(五)决策能力

"做正确的事胜于正确地做事",一个营销人员的决策和拍板能力也同样重要。营销管理中"预防性的事前管理要比补救性的事后管理重要",即强调了决策能力的重要作用,当今快速变化的市场环境也要求营销人员能够根据市场出现的新情况、新特点果断决策,及时调整自身的营销策略。

二、销售能力

销售能力是药品营销人员在营销活动中的基本操作技术,也是药品营销人员的基本功。熟练的销售能力不仅可以提高服务质量和劳动效率,而且可以赢得消费者的信赖。

(一)寻找客户的能力

寻找客户的能力是药品营销人员首先要掌握的销售能力,也是营销活动的第一关,是药品营销人员实施药品推销的关键步骤。药品营销人员需要采用各种方法在茫茫人海中寻找各种机会来接近客户,并通过各种推销策略来实现成功的推销。寻找客户的常用方法:在特定地区以上门走访的形式进行全面搜索的"地毯式搜寻法";利用广告宣传攻势吸引客户的广告"轰炸法";依靠现有客户来推荐和介绍的连锁介绍法;雇佣他人寻找客户的"猎犬法";通过查阅各种现有的资料来寻找客户的文献调查法;依靠个人的知识、经验等来判断特定的观察对象是否为目标客户的观察法;从竞争对手的角度进行分析来获取有益的线索的竞争分析法;借助互联网寻找潜在客户的网络搜寻法等。

(二)推销洽谈的能力

推销洽谈是整个推销活动的中心环节,也是药品营销人员最重要的工作之一,是实现成交的过程和手段。推销洽谈就是药品营销人员运用一定的洽谈方式与策略,取得与目标客户双向沟通,传递和反馈推销信息,以达到说服客户作出购买决定的过程。为了保证洽谈的顺利进行,药品营销人员不仅要具备倾听和语言表达的本领,而且还要能够恰当地运用洽谈的技巧。

1. 开谈入题的技巧 在开谈阶段,药品营销人员应巧妙地把话题转入正题,做到自然,轻松,适时。开谈时可以以关心人的方式、以赞誉的方式、以请教的方式等入题。

2. 推销洽谈中听、述、问、答的技巧

(1)倾听的技巧:听时要专注,要善于听出客户言语中所蕴涵的观念和用意,要容忍听进一些可能触犯你的讲话,让对方讲完,不要中途打断或驳斥。

(2)阐述的技巧:阐述时,要先听后述,阐述要清楚明了,坦诚客观。

(3)提问的技巧:提问时要提问与洽谈相关的问题,而不提令人难堪和不快甚至有敌意的问题。另外,在提问时,药品营销人员要保持谦和友好,并注意提问的时间性。特别注意,千万不要随便打断客户说话。

(4)回答的技巧:药品营销人员在回答客户问题之前,必须正确理解对方提问的用意;回答问题时,应做到逻辑清晰,言简意赅,通俗易懂。如果遇到一些不方便回答的问题,药品营销人员可以采取灵活的方式应对,留下进退的余地。

(三) 推销成交的能力

达成交易,是一种药品或服务在销售过程中推销工作成功与否的标志。优秀的药品营销人员应具备推销成交的能力,遵循一定的成功方法和步骤,优先于其他竞争对手与客户成交。

1. 消除心理的障碍 成交的障碍主要来自客户异议和药品营销人员自身的心理障碍。药品营销人员的心理障碍主要是指各种不利于成交的推销心理状态。比如,在洽谈进入成交阶段时,如果药品营销人员心情紧张,手足无措,可能导致表述内容词不达意,这就会对推销成交产生影响,难以实现。因此,药品营销人员既要以积极、平静、坦然的态度对待成交的失败,又应保持积极的工作状态,做到不卑不亢,对自己的工作感到骄傲,对推销成交充满自信心。

2. 善于捕捉信息 成交信息是指客户在接受药品营销人员及其所营销产品的过程中有意无意地通过表情、体态、语言、行为等表现出来的成交意向。比如,客户发自内心的微笑,交谈中不断地点头,下意识地翻看药品资料并认真研究药品,总是能够提出一些与药品有关的问题等。一个成功的药品营销人员要理解客户的有声语言,观察客户的身体、行为、表情等无声信号,正确识别、判断顾客发出的成交信号,及时促成交易。

3. 保留成交余地 简单来说,药品营销人员应该在推销成交洽谈时,保留一定的退让余地。在药品营销过程中,药品营销人员在为了吸引客户兴趣而开展重点推销的同时,千万不要很快亮出底牌,不然就无法进入"讨价还价"的环节了。为了避免营销谈判时的被动,有效地实现交易成交,药品营销人员一定要在成交洽谈时留有一定的成交余地。

4. 随时促成交易 一般情况下,少有客户会轻易作出购买决定。所以,药品营销人员在推销洽谈时,必须灵活机动,随时发现成交信号,把握成交时机,及时向客户提出成交的建议,促成交易。

5. 抓住成交的良机 成交良机是指目标客户和药品营销人员在思想完全达到一致的时机。人们经常认定在某些瞬间买卖双方的思想是可以协调起来的。因此,药品营销人员要时刻注意倾听和观察,抓住任何可能的机会拍板。

(四) 处理推销异议的能力

客户异议是推销活动中的必然现象。从接近客户、推销面谈直至成交签约的每一个阶段,客户都有可能提出异议。在推销过程中,常见的客户异议有需求异议、财力异议、权利异议、价格异议、产品异议、服务异议、货源异议等。当然,这些客户异议中,可能是真的,也可能是虚假的异议。这就需要药品营销人员结合多方面因素认真分析客户异议产生的根源,灵活运用各种方法有针对性地处理异议。

1. 转折处理法 这种处理异议的方法是指药品营销人员根据有关事实和理由来间接否定顾客的意见。应用这种方法是首先承认顾客的看法有一定道理,也就是向顾客作出一定让步,然后再讲出自己的看法。

2. 转化处理法 这种处理异议的方法是指利用客户的反对意见自身来处理。客户的反对意见既是交易的障碍,又是一次交易成交的机会。因此,药品营销人员要能够利用其积极因素去抵消其消极因素,获得客户的认可。

3. **以优补劣法** 这种处理异议的方法是指当客户的反对意见的确是药品或公司所提供的相关服务中的缺陷时,药品营销人员可以先肯定有关缺点,然后淡化处理,利用药品的优点来补偿甚至抵消这些缺点。

4. **委婉处理法** 这种处理异议的方法是指当药品营销人员在没有考虑好如何答复客户的反对意见时,可以尝试先用委婉的语气把对方的反对意见重复一遍,或用自己的话复述一遍,这样可以削弱对方的气势。

5. **合并意见法** 这种处理异议的方法是指将客户的几种意见汇总成一个意见,或者把客户的反对意见集中在一个时间讨论。总之,是要起到削弱反对意见对客户所产生的影响。

6. **反驳法** 这种处理异议的方法是指如果客户的反对意见是产生于对药品的误解时,药品营销人员可以根据事实直接否定顾客异议。

7. **冷处理法** 这种处理异议的方法是指面对客户提出的一些不会影响成交的意见,药品营销人员可以不反驳,采用不理睬的方法处理。

三、人际沟通和解决问题能力

(一) 人际沟通能力

1. **交际能力** 营销的本质是关系,是连接,而人与人之间的连接就是交际。交际是一门艺术,需要通过自身的不断积累,并在与他人的交流过程中不断加以修正。成功的药品营销人员不仅仅是简单地推销药品或服务,更是优秀的社交者。提高交际能力对于药品营销人员的成功至关重要。药品营销人员在交际过程中,需要与各种类型的客户进行有效的互动,以对方的利益与需求为出发点调整营销策略。当然,药品营销人员还应能坚持自己的原则,把握营销交际应有的尺度。

2. **沟通能力** 沟通的本质是通过信息的传递与反馈,在药品营销人员与客户之间达成理解与共识,进而达成合作。药品营销人员在不同的场所或环境下接触各种类型的客户,需要具有较强的沟通能力了解客户千差万别的需求,清晰、准确地传达产品和市场的信息,有效解决各种营销问题。另外,药品营销人员还要与企业内部的销售部门、生产部门、研发部门,企业外部的供应商、中间商、媒体等所有的营销活动相关者进行有效沟通。良好的沟通将会贯穿于药品营销活动的整个过程,而药品营销人员沟通能力的强弱,也将在每一个环节上对药品营销活动的成败产生决定性的影响。

3. **说服能力** 说服能力是营销沟通中的关键所在,是交易双方达成共识、完成销售的核心点。营销过程中,药品营销人员会遇到的一个很重要的问题是"客户不信任你怎么办",而没有说服力的交流与表达是毫无价值的。一名优秀的药品营销人员,必须要具备良好的说服能力和技巧,引导客户认同自己的观点,最终达成购买行为。

4. **语言表达能力** 语言是表达思想感情、交流信息的工具。良好的语言表达要求药品营销人员能够用生动形象、风趣幽默、语调柔和、速度适中的语言表达去感染客户,使其产生购买兴趣;能够用文明礼貌、热情友善的语言表达去吸引客户,使其产生购买动机;能够用清晰准确的语言表达完成重点突出、实事求是、逻辑性强的阐述,说服客户产生购买行为。在营销活动的过程中,药品营销人员要学会运用语言工具与客户沟通彼此的思想和情感,最终实现成功的交易。

5. 自我控制能力 自我控制能力是一种对个人情绪和行为的约束和调节能力。药品营销人员的自我控制能力,主要体现在对客户以及营销过程的监控和把握。为了实现预期的营销目标,药品营销人员必须在营销流程中对各项影响营销活动的因素进行监控,既要时刻保持积极乐观的情绪状态,还要在面对营销冲突时控制消极情绪,更要调节自己的心态不怕困难和繁重的任务,对工作不挑剔,富有岗位责任心。

(二) 解决问题能力

在营销过程中,药品营销人员如果能够高质量地处理好客户的问题,就可以获得客户的认可与信任,进而创造营销成功的机会。因此,对于药品营销人员来说,解决问题能力是非常重要的,直接影响着营销业绩和业务发展。

1. 倾听和理解客户需求的能力 在与客户接洽时,药品营销人员必须要能够倾听和理解客户的需求,才能够更好地解决客户可能出现的问题。因此,药品营销人员应具备良好的倾听技巧,保持积极的沟通态度,尽可能准确地把握客户的需求,从而提供更好的解决方案。

2. 提升药品知识和医药行业背景的能力 药品营销人员的药品知识和对医药行业的了解对于解决问题至关重要。只有药品营销人员不断提升自己的产品知识和行业背景,了解药品的特点和优势,才能更好地应对客户提出的问题,并提供专业的解决方案。

3. 敏捷快速的反应能力 敏捷快速的反应能力要求药品营销人员既要认真专注地接待客户,又要合理地分配自己的注意力,还要有较扎实的专业技能、技巧。一个优秀的药品营销人员需要具备敏捷快速的反应能力,以应对客户的疑问、需求和不满。在实际的营销活动中,药品营销人员要关注每一位客户的反馈,敏捷快速地应对客户的疑问或不满,给予合理的解释或解决方案。为了更好地应对客户反馈,药品营销人员还要记录客户的意见和建议,以便后续跟进。

4. 提升自我的能力 在营销活动的过程中,药品营销人员只有不断提升自己的专业素养和综合能力,才能更好地解决客户的问题。药品营销人员需要不断学习新的医药知识,拓宽自己的视野,关注医药行业的发展动态。同时,药品营销人员还应积极反思营销活动的问题和挑战,总结工作经验教训,调整策略和方法,不断提升自我。

四、数字营销和平台使用能力

随着数字时代的到来,营销从传统的模式转向了数字营销,数字营销工具和技术也变得越来越重要,医药企业需要的是具有数据分析能力、设计能力和创新能力的新时代数字营销人才,能够洞察消费者的需求。因此,药品营销人员应具备熟练运用各种数字工具和平台的能力。

(一) 数字思维

数字思维是药品营销人员利用数据解决问题的意识和思维方式。在数字时代,任何一个企业的管理人员和所有员工都应具备数字思维,既认同数据是有价值的,又具备利用数据去分析决策的思维方式。数字思维在医药企业层面体现在内部管理系统、对外经营等的信息化,如员工应具备记录客户的购买记录的能力,可以实时跟踪营销活动的实施效果等;数字思维在部门及个人层面体现在能够基于数据达成共识,团队内部在讨论决策时都可以用数据来呈现和支撑观点,个人在寻找问题原因时能够从数据入手等。

(二)数字能力

数字时代的营销不同于传统的营销,最明显的差别就是需要药品营销人员具备与数据或计算机等技术相关的能力或知识积累,这就是药品营销人员的数字能力。

1. 信息技术(IT)和算法基础知识 药品营销人员所掌握的 IT 和算法基础知识并不是 IT 人员所掌握的深层次理论,而是对数字技术的基础数字化原理、概念和架构等信息进行了解即可。

随着数字技术的发展,越来越多的医药企业开始了数字营销的创新尝试,药品营销人员也开始接触"大数据""云计算""中台"等数字技术专业名词。在进行数字营销活动时,因为要和数据部门、IT 部门进行许多次交流,药品营销人员了解一些基本的数字技术原理和概念,会有效提高工作交流效率,促进自己的业务水平提升。简而言之,在数字营销时代,对于数字技术的了解是可以让营销工作更加顺利开展的必备条件,有利于增进部门与部门之间的工作交流,从而提高工作效率。

2. 场景构建能力 场景构建能力是指能够基于数据构建模拟多种消费场景,从而针对性地提出营销建议或方案。

在数字技术飞速发展的今天,使用智能手机应用(APP)进行购物已经成为大多数消费者的购物习惯,其消费场景也越发多样。在不同的消费场景中,消费者会形成不同的消费心理活动。因此,营销人员应学会如何借助数据构建消费场景,解锁不同的消费场景,从而有针对性地提出营销方案和策划。

3. 数据识别能力 数据识别能力要求药品营销人员能够从大量的数据中识别出对当前问题重要的数据。在数字时代,大数据、云计算等数字技术的发展应用,以及获得数据的渠道的不断拓宽,都使得营销人员可以非常轻松地获得海量的数据。但是这些市场和客户的数据信息是以零散、破碎甚至隐蔽的方式存在的。面对体量庞大、真假难辨的数据,药品营销人员日常处理数字营销活动的关键一步,就是能够通过互联网、新媒体平台以及市场调研进行深度挖掘,从海量的数据中精确识别和挑选出对当前任务有价值的数据。

4. 数据获取能力 数据获取能力是指药品营销人员在其工作过程中,通过各种途径和工具收集、分析和利用市场数据、客户数据和竞争对手信息的能力。这些能力对于制定有效的销售策略、识别市场机会、提升销售业绩至关重要,数据获取能力是数字时代的营销人才不可或缺的能力要素之一。

5. 数据分析能力 数据分析能力是指营销人员能够运用各种工具通过获取的数据分析出营销活动中产生的问题。在数字营销中,各个环节都已经被数字化了,比如数据对于营销创意上的帮助,可以围绕数据进行营销,数据加快了营销的反馈机制,数据支撑了营销决策等。这就要求药品营销人员在识别、挖掘大量数据之后,能够运用大数据技术、数据分析工具、模型构建等进行深入分析,获取现象与结果的潜在性因果关系,发现问题,并形成有价值的信息,并据以对市场进行前瞻性预测,对客户的需求特征、消费心理进行画像,继而实现数据驱动的产品靶向开发与设计,最终在市场上精准投放,精准营销。

(三)新媒体运营能力

新媒体运营能力是指营销人员应了解各社交媒体平台的规则、政策,能够熟练操作市场上的新兴运营平台来吸引、维护产品用户,并做好产品用户的运营工作,以获取流量,顺利地完成数字时代的营销创新活动,吸引新用户或维护现有用户,巩固品牌记忆,吸引更多的消费者。社交媒体不仅可以使企业了解消费者的真实需求,针对性地进行产品创新,设计营销活动方案等,还给消费者提供了表达自己想法的交流平台,形成良性的互动沟通。比如,企业可以在某些网络平台上传品牌的短视频,发布有关产品的文章,通过平台与消费者直接对话,通过一系列策划活动在社交媒体上塑造独特的品牌形象,实现品牌营销。

(四)数字营销策划能力

数字营销策划能力是企业根据经营目标,注重线上新媒体运营,进行市场调研、产品策划、促销推广,在线上实施营销活动方案等。在数字时代里,越来越多的医药企业选择在各大社交媒体平台上连续发布与企业或产品有关的、有价值的、有娱乐性的内容来完成营销活动,与消费者形成互动共创的方式。新媒体平台是信息沟通的载体,真正影响消费者的是营销人员的策划内容和活动是否新颖有创意。所以,数字营销策划能力才是成功运营新媒体平台的关键。

> **课堂活动**
>
> 为了提升药品营销人员的素质和能力,请设计一个系统化的素质和能力训练计划。这些训练计划可以涵盖专业知识、沟通技巧、市场洞察力和解决问题的能力等方面。

> **点滴积累**
>
> 1. 药品营销人员应该具备的市场分析能力主要包括观察能力、分析能力、计划能力、组织能力、决策能力等。
> 2. 药品营销人员应该具备的销售能力主要包括寻找客户的能力、推销洽谈的能力、推销成交的能力、处理推销异议的能力等。
> 3. 药品营销人员应该具备的人际沟通能力主要包括交际能力、沟通能力、说服能力、语言表达能力、自我控制能力等。
> 4. 药品营销人员应该具备的解决问题能力主要包括倾听和理解客户需求的能力、提升药品知识和医药行业背景的能力、敏捷快速的反应能力、提升自我的能力等。
> 5. 药品营销人员应该具备的数字营销和平台使用能力主要包括数字思维、数字能力、新媒体运营能力、数字营销策划能力等。

目标检测

1. 药品营销人员职业道德素质主要包括哪些?
2. 药品营销人员的业务素质主要包括哪些?
3. 药品营销人员应该具备的销售能力主要包括哪些?

ER 7-2
第七章
药品营销人
员素质和能
力要求
(习题)

(夏 冬)

第八章　药品营销团队建设和能力提升

ER 8-1

第八章
药品营销团
队建设和能
力提升
（课件）

导学情景

情景描述：

　　一家医药企业开发了一种新型的抗肿瘤药，主要用于治疗某种类型的肺癌。尽管药物在临床试验中表现出色，但市场竞争激烈，如何迅速打开市场并取得医生和患者的认可成为关键挑战。张某是营销团队的领导，他首先带领营销团队进行了详细的市场调研，分析竞争对手的产品、目标患者群体的需求以及医生的处方习惯。根据调研结果，团队确定了主要目标市场，即晚期肺癌患者。接着团队利用社交媒体、搜索引擎广告和专业医学网站进行宣传，增加药物的曝光率。同时组织学术会议和研讨会，增强医生对药物的信心。团队创建专门的患者支持网站和在线社区，提供详细的药物信息和患者教育资源，帮助患者更好地理解和使用药物。团队定期通过内部会议分享成功案例和经验，促进团队成员之间的学习和成长。在上市的第一年内，该抗肿瘤药迅速占据了目标市场的显著份额，销售额稳步增长。

学前导语：

　　该药品营销团队的成功案例展示了多渠道推广策略、患者支持计划和团队协作的重要性。本章节主要讲述药品营销团队建设和能力提升。

第一节　药品营销团队的构建

一、药品营销团队的构成

（一）药品营销团队定义

　　药品营销团队是指由两个或更多的为同一目标而共同合作、互补技能、相互承担责任的药品营销人员组成的一种组织形式。团队由员工和管理层组成一个共同体，合理利用每一个成员的知识和技能，协同解决问题，达到共同的目标。对于一个医药企业而言，如果说医药类产品生产是基础，新药研发是重点，产品质量是保证，人力资源是根本的话，那么，有着共同价值目标的营销团队，就是企业发展的关键突破点。

（二）药品营销团队的主要职责

1. **市场调研与分析**　了解市场需求、竞争状况和客户反馈，为营销策略提供市场调研与分析。

2. **品牌管理**　建立和维护药品品牌形象，提高品牌知名度和美誉度。

3. **产品推广**　制定和执行药品推广策略，包括广告、公关活动和促销活动等。

4. **销售支持**　为销售团队提供培训和支持，确保他们具备必要的产品知识和销售技能。

5. **客户关系管理**　与医疗专业人员、药店和终端客户建立和维护良好的关系，提升客户满意度。

6. **数字营销**　利用互联网和数字平台进行药品推广，提高在线知名度和参与度。

7. **合规管理**　确保所有营销活动符合相关法规和行业标准，避免法律风险。

（三）药品营销团队的组成成员

药品营销团队的构成通常包括以下几个主要角色，每个角色都有其特定的职责和技能，这些角色共同协作，确保药品从研发到市场推广、销售的每个环节都顺利进行。

1. **市场营销总监**　负责制订整体营销战略和计划，监督团队的工作，确保目标达成，与高级管理层沟通，报告营销进展和效果。

2. **产品经理**　负责特定药品的市场定位、策略和推广计划，分析市场需求和竞争情况，制订产品推广方案，协调研发、生产和销售部门，确保产品顺利上市。

3. **销售经理**　管理和领导销售团队，制定销售策略和目标，监控销售业绩，提供销售培训和支持，维护与重要客户和合作伙伴的关系。

4. **销售代表**　与客户沟通推广药品，提供药品信息和支持，收集市场反馈，协助改进销售策略。

5. **市场研究分析师**　进行市场调查和数据分析，提供市场洞察和趋势分析，监控竞争对手和市场变化，为决策提供支持，评估营销活动的效果，提出改进建议。

6. **医学联络官**　提供药品的科学和医学支持，与医疗专业人员交流药品的临床数据和使用方法，组织和参加医学会议和研讨会提升药品的专业形象。

7. **数字营销经理**　负责药品的线上推广，包括社交媒体、网站和电子邮件营销，制定和执行数字营销策略，提升品牌知名度和产品认知度，分析线上营销活动数据，优化推广效果。

8. **公关经理**　处理与媒体的关系，发布新闻稿和组织新闻发布会，管理企业和产品的公众形象，处理危机公关，策划和执行公关活动，提升品牌和产品的美誉度。

9. **广告创意团队**　制定药品广告的创意和设计，包括电视、平面、网络等媒体的广告，确保广告符合药品监管规定和公司的品牌形象，与外部广告公司合作，制作和发布广告。

10. **法规事务专家**　确保药品的营销活动符合药品监管法规，准备和提交药品的注册和审批文件，监督药品的市场合规性，处理监管机构的要求和审查。

二、和谐药品营销团队的特征和作用

和谐药品营销团队，顾名思义，指的是团队成员之间关系融洽、协作顺畅、目标一致的集体。

(一) 和谐药品营销团队的特征

1. 有明确的团队目标，能够以整体目标为出发点。

2. 能够积极共享彼此信息资源与行为付出。

3. 有着各自的特征与使命，在团队中扮演不同的角色分工。

4. 团队成员间彼此信任，良性沟通。

5. 有共同的价值观和行为规范。

6. 有较强的团队归属感。

7. 有效授权，领导有权威，团队成员执行力强。

(二) 和谐药品营销团队的作用

药品营销团队是医药企业的一张 "脸"，是企业先于产品对市场进行的展示。企业应高度重视团队建设，努力营造和谐、积极的团队氛围，以提升营销效率，激发创新精神，增强企业凝聚力，并推动团队成员的个人成长。

1. 能够使团队利益一致化　由于企业对于营销人员的考核主要是看结果，看他们的任务完成率是多少，是没完成、完成了，还是超额完成，这是一个纯粹的可量化指标。企业最后检验的是一个营销团队的最终结果，而很少有针对性地检验某个人最后销售指标的完成情况，所以无论是药品营销还是其他行业的营销都是不倡导 "个人英雄主义" 的。企业的全体员工是否就营销观念、质量意识、行为取向等方面形成共同信念和准则，以及能否在共同的价值观念基础上建立崇高的目标，决定着企业为最终消费者所提供的产品和服务的质量，从而决定着企业最终发展的状态和取向，这是企业实现 "团队营销" 赢得客户、赢得市场、赢得商机的决定点，因此，在这种企业目标的情况下，和谐的团队更能够使团队利益达成一致。

2. 能够充分调动成员积极性　在和谐的团队中，成员之间形成强烈的归属感和认同感，能够为企业的共同目标而积极奋斗。成员之间相互学习，相互借鉴，不断提升自己的专业技能和综合素质。这种良好的成长环境有助于培养出一批优秀的药品营销人才，为企业的长远发展提供有力的人才保障；也有助于提升企业的整体竞争力，使企业在激烈的市场竞争中脱颖而出。

3. 能够快速实现营销目标　在和谐的团队氛围中，成员之间关系融洽，沟通顺畅，能够迅速而准确地分享市场信息、客户反馈以及营销策略。这种高效的沟通协作机制强调营销手段的整体性和营销主体的整体性，有助于团队成员共同应对市场挑战，把握市场机遇，能够为消费者创造最大的让利价值，使消费者满意最大化，使企业从中获得长远发展和长期利润，从而更快地实现销售目标。

点滴积累

1. 药品营销团队是由两个或更多的为同一目标而共同合作、互补技能、相互承担责任的药品营销人员组成的一种组织形式。
2. 和谐药品营销团队是团队成员之间关系融洽、协作顺畅、目标一致的集体。

第二节　药品营销团队心理能力提升

一、药品营销团队心理能力提升的意义

药品营销团队心理能力是指团队成员在药品营销工作中表现出的适应、调节和应对各种工作压力与挑战的综合心理素质。具体而言,它涵盖了团队成员在高强度竞争环境下的情绪调控能力、自信心、抗压能力、沟通能力、团队协作能力,以及在复杂市场条件下的灵活应变能力。企业应高度重视药品营销团队的心理能力提升,为营销人员提供必要的心理支持和心理帮助,以打造出一支具备过硬心理素质的优秀营销团队。

(一) 有助于提升药品营销团队的自信心

在激烈的市场竞争中,药品营销人员常常面临各种挑战和困难,如客户拒绝、市场竞争激烈等。如果缺乏自信心,很容易产生挫败感,影响工作积极性和效率。通过心理训练,营销人员可以学会心态调整,面对挑战,以自信的姿态应对市场变化。

(二) 有助于提高药品营销团队的抗压能力

药品营销工作往往伴随着较高的工作压力,包括业绩压力、时间压力以及与客户沟通的压力等。在压力面前,如果营销人员不能保持冷静和理智,很容易作出错误的决策或行为。通过心理能力提升,营销人员可以学会如何有效地管理压力,保持冷静思考,以更加理性和高效的方式应对各种挑战。

(三) 有助于增强药品营销团队的沟通能力

在与客户沟通时,营销人员需要具备良好的倾听能力、表达能力和同理心。通过心理能力提升,营销人员可以学会如何更好地倾听客户的需求和关注点,以更加精准的方式传达产品信息;同时,还可以提升营销人员的同理心,更好地理解客户的立场和感受,从而建立更加稳固的客户关系。

(四) 有助于提升药品营销团队的创新能力

在快速变化的市场环境中,创新能力是药品营销团队不可或缺的能力之一。通过心理能力提升,营销人员可以学会如何打破思维定势,从不同角度思考问题,提出具有创新性的营销策略和方案。这种创新能力不仅可以提升团队的营销效果,还可以为企业的长远发展注入新的活力。

(五) 有助于培养药品营销团队的团队合作能力

在团队工作中,每个成员都需要具备良好的团队意识和合作能力。通过心理能力提升,营销人员可以学会如何更好地与团队成员协作,共同解决问题;同时,营销人员还可以学会如何尊重他人的意见和想法,建立更加和谐的团队氛围。这种团队合作精神不仅可以提升团队的凝聚力和执行力,还可以增强团队的整体竞争力。

二、药品营销团队心理能力提升的途径

(一) 自我认知能力提升

对于药品营销团队而言,具备自我认知能力的成员能够更好地了解自己的优势和不足,避免盲目努力。

1. **建立认知模型** 模型,就是把复杂事物变得抽象化,可视化,让人更容易理解。建立个人的认知模型(图 8-1),是认知升级的基础。认知的层次分为高低两种(图 8-2)。

图 8-1 认知模型

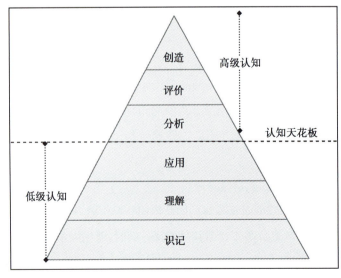

图 8-2 认知能力的层次

(1)低级认知能力:识记,理解,应用。例如面对一条习惯化的营销模式,应知道这个模式是什

么？同时也理解这个模式是针对什么情况去应用，而且确实能够应用。大部分营销人员都能够掌握这种低级认知能力，帮助他们很好地工作。

（2）高级认知能力：分析，评判，创造。例如面对某个药品，能够把一些看似凌乱的知识点归纳总结起来，找出背后的核心原因，通过深度分析，运用批判性思维，对其进行审视，最后在这个基础上，创造出属于自己的东西，诸如理论、产品等。这种认知能力，并不是每个人都拥有，需要从低级的认知能力提升到高级的认知能力。

知识链接

建立认知模型的八要素

1. **客观认知自我能力**　从"我知道自己是对的"的思维，升级为"我怎么知道自己是对的"。

2. **跳出局限性思维**　知道自己思维的局限性在哪里，然后有意识避免，不受制于它。

3. **能够进行批判性思考**　能够独立思考，不会人云亦云。

4. **知道自己想要什么**　知道事实和愿望的差距，以及实现愿望（目标）的路径。

5. **掌握方法论**　找到适合自己的方法来进行决策和行动。

6. **具备发现事物本质的能力**　理解现实事物规律背后的因果关系，并应对现实。

7. **用进化的角度看世界**　任何事情和行为的价值不仅取决于是否实现短期目标，还取决于是否促进长期适应和持续进步。

8. **实现认知迭代**　不断储备知识与持续学习，提升思维方式。

2. 找到认知升级的通路　知识储备，从了解知识分类开始进行知识储备，直到掌握有效的营销学习方法，持续阅读，并且不断地运用写作来整理思维，逐步形成一套行之有效的认知模型。知识的分类主要包括：①事实知识，这种知识是可以通过观察、感知或数据呈现的知识。如药品的分类、非处方药的具体特征等。②原理知识，这种知识主要是自然原理和法则方面的科学知识。如心理学的 ABC 合理情绪疗法等。③技能知识，这种知识主要指的是通过不断锻炼而掌握有关技术的知识，或者做事的技术诀窍。如药品营销的策略等。④人际知识，就是懂得向何人获取某种知识帮助的能力。例如你不会销售，你就要找到懂得这方面知识的人，给你提供帮助。

在知识储备的过程中应以兴趣为导向，以学以致用为学习的目的，通过储备到足够的知识来提升认知能力。要带着问题去学习，注意辨别好知识和坏知识；要懂得对知识进行分类整合，建立知识体系，理清知识的核心脉络，去掉烦琐，精简知识；要把吸收的知识，尝试通过各种方式输出学到的知识，如用自己的语言转述给他人。

3. 掌握认知迭代的思维工具　想要快速提升认知能力，除了常规性的知识积累，还需要掌握跟认知能力相关的各种思维工具。其中"交叉思维"就是一个帮助思考的思维工具。

所谓"交叉思维"，就是指个体突破思维的联想壁垒，用新的视角去看问题，主动将各种各样的概念进行随机组合，创新发现新的领域和问题解决方法的思维方式。想要提高这种思维，必须要从三方面入手：①接触不同文化和学科，拓展视野的好处就是自己的"思维观"不会集中在一个地方，从而看问题会从更加宏观的角度去思考。②采用不同视角和多重观点，对于相同的事情，不同专业和领域的人,都会有不同的观点和理解。在同一件事上,产生不同的观点角度,有利于发现自己思维的盲区,同时会给予自己更多的启发。③反转假设,对习以为常的事情,用相反的角度进行探索分析,说不定会找到解决问题的方向。

4. 实践认知 想要获得强大的认知能力,当然还是需要实践。从现实生活当中不断寻找机会实践,把学习和实践变成一个闭环,通过不断的积累和更新自身的思维方式,从而实现自我认知能力的迭代。在此基础上,逐步应用到工作和生活当中,最终带动到人生进程的改变,让自己变得更好。

(二)情绪管理与调节能力提升

1. 情绪管理的重要性 情绪管理是指个体或团队通过一系列的方法和技巧,有效地识别、理解、接受和调节自己的情绪,以达到良好的心理状态和行为表现。在医药行业中,药品营销团队作为企业与市场之间的桥梁,承担着至关重要的角色。他们不仅需要具备专业的医药知识和营销技巧,更需要拥有稳定的情绪和出色的情绪管理能力。对药品营销团队进行情绪管理与调节训练,对于提升团队整体效能和业绩具有重要作用。

(1)降低错误的决策:情绪稳定的团队成员能够更好地应对工作中的压力和挑战,保持冷静和理智,避免情绪化的决策和行为。

(2)减少团队矛盾:情绪管理有助于提升团队成员之间的沟通和协作,减少因情绪冲突而导致的团队矛盾。

(3)从容面对市场变化:情绪管理能够增强团队成员的自信心和抗压能力,使他们更加从容地面对市场的变化和客户的需求。

2. 情绪调节的方法

(1)情绪的觉知和表达:情绪的觉知,就是首先聆听内心的声音,要知道你的负面情绪是什么,究竟是愤怒、悲伤、委屈,还是恐惧? 清晰的表达,就是情绪释放的过程,主要有四个途径:①向当事人表达,谁让你产生了这个情绪,你就对他说出来;②向他人表达,如果不方便向当事人表达,可以采用向他人表达的方式;③向环境表达,最常用的向环境表达的方式是运动、呐喊等方法;④向自我表达,如果在情绪刚开始起来的时候就能自我觉察,情绪就不会继续恶化。

(2)认知重构:认知重构是一种心理疗法技术,通过改变对事件的看法和解释,来调节情绪反应。具体方法:注意并记录自己在压力或情绪低落时的负面思维,可以使用情绪日记记录自己在某些事件发生时的自动想法和情绪反应,也可以质疑这些负面思维的真实性和合理性,如问自己这些问题"有事实支持我的想法吗?""有更合理的解释吗?""这件事最糟糕的结果是什么?"之后用更加积极和现实的思维替换负面思维,写下更加积极的想法,并反复阅读和内化,如:"即使今天的工作很忙,但我可以一步步完成任务。"

(3)情绪宣泄:通过适当的方式表达和释放情绪,避免情绪积压带来的负面影响。具体方法包括:找可信任的朋友、家人或同事倾诉自己的情感和困扰,定期安排时间与亲近的人交流,分享自己的感受和压力;通过写日记的方式记录自己的情绪和思维过程,每天花15分钟写下当天的情绪体验和相关事件,有助于理清思路和缓解压力;通过绘画、音乐、舞蹈等艺术形式表达情感,参加艺术课程或在家中进行创作活动,用艺术方式宣泄情绪。

(4)放松训练:通过身体的放松来调节情绪,常见的方法包括:通过深呼吸来缓解紧张和焦虑情绪,每天进行几次深呼吸练习,每次吸气和呼气时缓慢进行,持续 5~10 分钟;通过逐步放松身体各部分肌肉来减轻压力,从脚趾开始,逐步紧张,然后放松各个肌肉群,直到全身都得到放松;通过冥想和正念练习来平静心绪,提升专注力,每天安排 10~20 分钟进行冥想或正念练习,专注于呼吸或身体感觉,放下杂念。

(5)行为调节:通过改变行为来影响情绪,具体包括:通过运动来释放压力和提高情绪,定期进行有氧运动,如跑步、游泳、瑜伽等,每次 30 分钟,每周 3~5 次;通过参与兴趣爱好来放松心情和转移注意力,培养和发展自己的兴趣爱好,如阅读、园艺、烹饪等,定期安排时间进行这些活动;通过社交活动来增加愉悦感和支持系统,参加社交活动和社区活动,与朋友和家人共度时光,增加互动和交流。

(6)环境调节:通过改变环境来改善情绪。具体包括:改善工作环境,使其更舒适和愉悦,如整理办公桌,增加绿色植物,调节光线和温度,创造一个积极的工作空间;通过合理的时间安排减少时间压力,使用时间管理工具,如日程表、待办事项清单,合理安排工作和休息时间,避免过度劳累;通过度假和休闲来缓解压力和放松心情,定期安排短期或长期的假期,远离工作环境,享受大自然或新的环境,放松身心。

知识链接

正念冥想

1. **准备阶段** 选择一个安静、不受干扰的地方,可以坐在椅子上、地板上或是躺下,初学者可以从 5~10 分钟开始,逐渐延长到 20~30 分钟。

2. **进入冥想状态** 保持背部挺直,双手自然放在腿上或身体两侧,舒适地坐下或躺下,闭上眼睛,减少外界干扰,专注于内在体验。

3. **专注于呼吸** 将注意力集中在呼吸上,感觉空气进入和离开鼻腔的过程,不需要刻意改变呼吸的节奏,只需观察和感受呼吸的自然流动。

4. **观察念头和感觉** 在冥想过程中,可能会有各种念头和情绪浮现,不要试图排斥或压制它们,只需观察并接受它们的存在。每当注意力被念头或感觉分散时,温柔地将注意力带回到呼吸上。

5. **扩展觉察范围** 在感受呼吸的基础上,可以逐渐扩展觉察到身体的其他部位,注意身体的感觉和紧张部位,进一步可以扩展觉察到周围的环境声音和气味,保持对当下环境的开放和接纳。

6. **结束冥想** 当时间到了,慢慢地睁开眼睛,注意四周的环境,逐渐恢复到正常状态,花几分钟时间反思冥想的体验,记录下感受和心得。

(三)危机应对能力提升

在竞争激烈的医药行业,药品营销团队经常面临各种潜在危机,如产品召回、负面媒体报道、市场监管变化、客户投诉等。这些危机可能会对企业的声誉、市场份额和财务状况造成严重影响。

1. 危机应对的重要性

(1)保护企业声誉:药品行业高度依赖公众信任。一旦出现危机事件,如产品质量问题或负面媒体报道,企业声誉将受到严重损害。有效的危机应对能够迅速控制事态发展,减少负面影响,保护企业声誉。

(2)保持市场竞争力:市场竞争激烈,任何危机都可能被竞争对手利用,从而削弱企业的市场地位。快速、有效的危机应对能够帮助企业及时化解危机,保持市场竞争力。

(3)确保客户满意度:客户对药品的质量和安全有着高度期望。出现危机时,如果处理不当,会导致客户信任度下降甚至流失。有效的危机应对能够迅速解决客户问题,维护客户满意度和忠诚度。

(4)降低财务损失:危机事件可能导致企业遭受财务损失,包括法律诉讼、市场份额下降和品牌重建等。及时、有效的危机应对能够将财务损失降至最低,保护企业的经济利益。

(5)增强团队凝聚力:在危机时刻,团队需要共同面对挑战。有效的危机应对能够增强团队的凝聚力和战斗力,提升团队成员的归属感和责任感,形成更紧密的合作关系。

2. 危机应对能力提升的方法

(1)危机预防与风险评估:定期进行风险评估,识别潜在的危机来源,如产品质量问题、法规变动、竞争对手活动等;建立风险管理体系,制订相应的应对策略和计划;为团队成员提供危机管理培训,提高他们的应对能力和反应速度;进行定期的危机应对演练,模拟各种可能的危机情景,确保团队在实际危机中能够迅速有效地应对。

(2)建立危机应对团队:组建专门的危机应对团队,明确每个成员的职责和分工,包括发言人、信息收集人员、媒体联络员等,确保团队成员在危机期间能够紧密协作,高效沟通;建立快速反应机制,一旦发现危机迹象,能够迅速启动应对程序,制定详细的危机应对流程,确保每个环节都能高效运作。

(3)信息管理:在危机暴发初期,迅速收集相关信息,确保决策基于准确和全面的数据,及时与内部团队、客户和其他利益相关方沟通,传递准确的信息,避免谣言和误解,确保所有对外发言的一致性和准确性,避免信息混乱;由指定的发言人负责对外沟通,传达企业官方立场和信息。

(4)危机处理:在面对危机时,保持透明和诚实,及时公开事实,避免隐瞒和欺骗,承认问题并承担责任,展现企业的诚信和责任感。对于能够迅速解决的问题,立即采取行动,减少危机的影响。制定短期和长期的应对措施,确保危机能够得到全面解决。在危机中关注客户的感受和需求,提供支持和帮助,通过电话、邮件、社交媒体等渠道与客户保持联系,解答他们的疑问,安抚情绪。

(5)媒体应对:由专业的媒体联络员负责与媒体的沟通,确保信息传递的准确性和一致性。准备好新闻发布会、声明稿和问答材料,及时回应媒体的提问和报道。主动提供正面信息,引导媒体和公众的关注点,减轻负面影响。利用企业的专业知识和资源,向公众传递积极的解决方案和进展。

(6)心理支持:在危机中关注员工的心理健康,提供必要的心理支持和辅导,确保团队成员在高压环境下能够保持积极的心态和工作状态。

(四)抗压能力提升

1. 抗压能力的重要性 药品营销团队在高压环境中工作,面临着市场竞争、销售目标、客户需求等多重挑战。高压环境容易导致团队成员疲劳,焦虑,进而影响工作效率,长期高压工作会对团队成员的心理健康造成不利影响。

(1)抗压能力的提升可以帮助团队成员缓解压力,保持心理健康,有助于增强团队成员之间的互助和支持,促进团队合作。在面对压力时,团队成员能够相互支持,共同克服困难,增强团队凝聚力。

(2)抗压能力的提升可以帮助团队成员更从容地面对工作中的挑战,增强职业成就感和满意度,减少因压力导致的职业倦怠和人员流失。

2. 抗压能力提升的方法 药品营销领域充满了各种压力和挑战,包括市场竞争的加剧、政策法规的变化、客户需求的多样化等。药品营销人员应掌握积极应对压力与挑战的方法。

(1)认知重构:改变对压力源的看法,将其视为成长的机会或挑战,而非纯粹的威胁,这种积极的思维方式有助于减轻压力感。

(2)放松技巧:学习并实践放松技巧,如深呼吸、冥想、瑜伽或渐进式肌肉松弛法,这些技巧有助于降低身体和心理的紧张程度。例如手指呼吸法(图8-3),当感到焦虑或紧张时,可以尝试用一只手的手指沿着另一只手手指的箭头方向,从大拇指开始轻轻滑动,同时缓慢吸气,再慢慢呼气,以帮助放松身心。

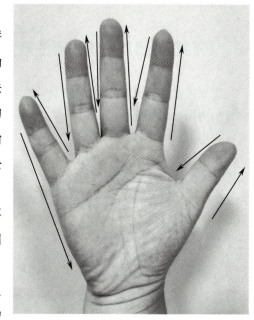

图 8-3 五指呼吸法

(3)时间管理:制定合理的时间表,优先处理重要和紧急的任务,避免拖延和临时抱佛脚。有效的时间管理可以减少因时间紧迫而产生的压力。

(4)身体锻炼:定期进行身体锻炼,如跑步、游泳、骑自行车等。运动可以释放压力,改善心情,同时增强身体健康。

(5)社交互动:通过社交建立有效的团队协作与支持系统,药品营销人员之间可以共享资源,互相支持,共同解决问题。通过与家人、朋友或同事分享自己的感受,寻求他们的支持和理解。社交互动可以提供情感支持,减轻孤独感和压力感。

(6)培养爱好:每个人应对压力的方式都不尽相同。如果发现自己习惯通过发脾气、暴饮暴食来调节情绪,可以考虑用伤害性更小的方式替代,例如培养并投入自己喜爱的兴趣爱好,如绘画、音乐、阅读等。这些活动可以提供乐趣和满足感,帮助转移注意力,缓解压力。

(7)寻求专业帮助:如果压力感持续存在且影响到日常生活,可寻求心理咨询师或医生的帮助,他们可以提供专业的建议和治疗方案。

每个人应对压力的方式可能不同,因此重要的是找到适合自己的方法,并根据实际情况进行调整。同时,保持积极的心态和乐观的态度也是应对压力的关键。

> **课 堂 活 动**
> 为了提升药品营销人员的抗压能力,请制订一个抗压能力的训练方案。

第三节　药品营销团队协同发展能力提升

一、药品营销团队协同发展的意义

在现代企业环境中,团队协同发展能力是成功的关键因素之一。药品营销团队尤其需要具备高效的协同能力,以应对市场竞争、客户需求和内部管理的多重挑战,药品营销团队协同发展的意义主要体现在以下方面:

(一)提高工作效率

团队协同可以优化资源配置,减少冗余工作,提高整体工作效率。在药品营销团队中,通过有效的协同,可以更快地响应市场变化和客户需求,提升市场竞争力。

(二)增强创新能力

协同工作环境鼓励团队成员分享创意和观点,从而激发创新思维。不同背景和专业的成员相互合作,可以提出更多具有创造性的解决方案,推动产品和服务的创新。

(三)增强团队凝聚力

高效的团队协同有助于增强团队成员之间的信任和凝聚力。通过协作,成员之间建立起更紧密的关系,形成更强的团队归属感和责任感,有助于团队长期稳定发展。

(四)改善决策质量

协同工作可以集思广益,充分利用团队成员的知识和经验,提高决策的科学性和合理性。特别是在药品营销领域,涉及复杂的市场分析和客户关系管理,高质量的决策尤为重要。

二、药品营销团队协同发展的策略

(一)明确团队目标与愿景

目标是团队努力的方向,愿景则是团队共同追求的理想状态。通过明确目标与愿景,可以激发团队成员的积极性和凝聚力,使大家朝着共同的方向努力。同时,要确保团队成员对目标与愿景有清晰的认识和认同,以便更好地推动团队协同发展。

(二)建立信任与沟通机制

信任是团队建设的基础,沟通则是协同发展的关键。要在团队内部建立信任关系,鼓励团队成员坦诚交流,相互支持。可以通过定期组织团队活动、分享个人经历、开展合作任务等方式,增进团队成员之间的了解和信任。同时,还要建立有效的沟通机制,确保团队成员之间能够及时、准确地传递信息,共同解决问题。

(三)制定明确的角色与职责

在药品营销团队中,每个成员都应有明确的角色和职责。通过制定详细的岗位职责和工作流程,可以使团队成员清楚地了解自己的工作任务和职责范围,避免工作重叠和遗漏。同时,还要根据团队成员的特长和能力进行合理分工,充分发挥每个人的优势,提高团队整体效率。

(四)培养团队协作与合作精神

通过培训和实践,培养团队成员的团队协作意识和合作精神。可以组织一些团队合作任务,让团队成员在完成任务的过程中学会相互协作、相互支持。同时,还要鼓励团队成员积极参与团队决策和讨论,共同为团队的协同发展出谋划策。

三、药品营销团队协同发展能力提升的途径

(一)药品营销团队营销能力提升

药品市场不断发展,新产品层出不穷,政策法规也在不断变化。为了应对这些变化,团队成员必须不断学习和提升自身的知识和技能,不断进行培训。

1. 持续教育和培训

(1)产品知识培训:药品的作用机制、适应证、不良反应、使用方法等,竞争对手产品的特点和市场表现,新产品的研发进展和上市计划等。

(2)市场和行业趋势培训:全球和本地市场的最新动态和发展趋势,政策法规的变化及其对市场的影响,医疗卫生领域的新技术和新方法等。

(3)营销技能培训:如何与客户有效沟通,如何在复杂的商业环境中争取最有利的合作条件,如何建立和维护长期稳定的客户关系等。

2. 数据驱动决策能力培训

(1)提升数据分析能力:掌握数据分析工具,如 Excel、SPSS、R 等;学习数据分析方法,如回归分析、聚类分析等,通过数据分析,发现市场机会和潜在风险。

(2)客户关系管理(CRM)系统:利用 CRM 系统管理客户信息,跟踪销售进展;通过 CRM 系统,了解客户的购买历史和偏好,提供个性化的服务;利用 CRM 系统的分析功能,优化营销策略,提高客户满意度和忠诚度。

3. 跨部门合作能力培训

(1)内部协作:与研发部门合作,确保产品信息准确无误,及时获取新产品的最新进展;与生产

部门合作,确保产品供应的稳定和及时,避免断货现象;与法规部门合作,确保所有营销活动符合相关法律法规,避免法律风险。

(2)外部合作:与医疗机构、药房、学术机构等建立合作关系,共同推广药品,提高市场认可度;参加行业展会和学术会议,了解最新的行业动态和市场需求;与第三方服务机构合作,如市场调研公司、公关公司等,提高营销活动的专业性和影响力。

4. 创新营销策略能力培训

(1)数字化营销:利用社交媒体平台,进行药品宣传和客户互动;通过电子邮件营销,向客户发送产品信息、健康资讯等,增加客户黏性;利用搜索引擎优化(SEO)和搜索引擎营销(SEM),提高公司网站和产品的曝光率。

(2)内容营销:撰写专业文章,分享药品的科学研究成果和临床试验数据,树立公司在行业内的权威形象;发布案例研究,展示药品在实际应用中的效果,增强客户的信任和认可;举办线上研讨会,邀请专家学者分享最新的医学知识和治疗方法,提升企业和产品的知名度。

(3)患者教育:开展患者教育活动,如健康讲座、疾病防治宣传等,帮助患者了解药品的正确使用方法,通过患者教育,提高药品的使用效果和客户满意度,增加药品的市场份额;利用多种媒介,如视频、图文、动画等,制作生动有趣的患者教育内容,吸引更多的目标受众。

5. 客户反馈和服务能力培训

(1)收集反馈:建立客户反馈机制,通过电话回访、问卷调查、在线评论等方式,收集客户的意见和建议,定期分析客户反馈,发现产品和服务中的不足,及时改进。

(2)提升服务:根据客户反馈,优化产品和服务,提供个性化的解决方案和专业的售后服务,如药品使用指导、健康咨询等,提升客户满意度;建立客户关怀机制,通过节日问候、生日祝福等方式,增加客户的归属感和忠诚度。

6. 绩效管理能力培训

(1)目标设定:设定明确的销售目标和绩效指标,激励团队成员努力工作;将目标分解到每个团队成员,明确每个人的职责和任务。

(2)绩效评估:定期进行绩效评估,发现问题及时纠正,通过绩效评估,了解团队成员的工作表现,奖励表现优秀的员工,如奖金、晋升机会等,激励团队成员积极工作。

知识链接

常用数据分析工具

1. Excel 是由微软公司开发的一款电子表格软件,它广泛应用于数据记录、计算、分析和可视化。

2. SPSS(statistical package for the social sciences) 是一款专业的统计分析软件,由 IBM 公司开发,特别适用于社会科学领域的统计分析和数据处理。

3. R 是一种自由开源的编程语言和软件环境,专门用于统计计算和数据分析。R 以其强大的数据处理能力和灵活的编程特性,成为统计学家和数据科学家的重要工具。

(二) 药品营销团队职业发展能力提升

职业规划是职业发展的起点,团队成员的职业发展能力不仅关系到个人的职业生涯,更关系到企业的整体发展和市场竞争力。

1. 职业规划与目标设定

(1)明确职业目标:鼓励团队成员思考自己的职业目标,明确未来的发展方向,帮助团队成员了解企业的职业发展路径和晋升机制,找到适合自己的发展路线。

(2)设定阶段性目标:将长期职业目标分解为可实现的阶段性目标,确保每个阶段都有明确的任务和目标,通过设定阶段性目标,帮助团队成员逐步实现职业发展,增强他们的信心和动力。

2. 专业知识和技能提升

(1)产品知识培训:定期组织产品知识培训,使团队成员熟悉公司产品的功能、使用方法和市场表现,了解竞争对手的产品特点,掌握市场竞争的动态。

(2)市场营销技能培训:提升团队成员的市场分析能力,学习如何进行市场调研和数据分析,强化营销策略的制定和执行能力,掌握现代营销手段和技巧。

(3)沟通与谈判技巧培训:通过培训提升团队成员的沟通技巧,使他们能够与客户进行有效的沟通;学习谈判技巧,提升团队成员在商业谈判中的能力。

3. 领导力和团队协作能力提升

(1)领导力培训:通过领导力培训,帮助团队成员了解领导力的核心要素和发展路径,提供领导力实践机会,如项目管理、团队领导等,锻炼团队成员的领导能力。

(2)团队协作培训:通过团队建设活动,增强团队成员之间的信任和协作精神;学习团队协作的技巧,如任务分配、沟通协调等,提高团队的整体效能。

4. 职业素养与工作态度培训

(1)职业道德培训:通过职业道德培训,帮助团队成员树立正确的职业观念和价值观,强调诚信、责任感和专业精神,提升团队成员的职业素养。

(2)积极工作态度培养:鼓励团队成员保持积极的工作态度,面对挑战不退缩,迎难而上;提供心理辅导和支持,帮助团队成员应对工作中的压力和困难。

5. 提供职业发展支持

(1)职业发展指导:提供职业发展咨询和指导,帮助团队成员制定和调整职业规划;指派职业发展导师,提供个性化的指导和支持。

(2)提供学习和发展机会:提供多种学习和发展机会,如培训课程、学术会议、行业交流等,支持团队成员参加外部培训和进修,提升他们的专业水平和竞争力。

(3)绩效反馈与评估:定期进行绩效评估,帮助团队成员了解自己的工作表现和发展情况,通过绩效反馈,指出团队成员的优势和改进方向,帮助他们不断提升自己。

(三) 药品营销团队文化建设能力提升

一个良好的团队文化不仅能提升团队的凝聚力和向心力,还能为企业的长远发展奠定坚实的基础。

1. 明确团队文化的核心价值观

(1)客户至上：始终把客户的需求和满意度放在首位，提供优质的产品和服务，以客户为中心，关注客户反馈，持续改进产品和服务。

(2)诚信守法：遵守法律法规和行业规范，确保所有营销活动的合法合规；诚实守信，取得客户和合作伙伴的信任。

(3)团队合作：强调团队协作，共同努力实现团队目标；鼓励团队成员之间的互相支持和帮助，形成紧密的合作关系。

(4)创新进取：鼓励创新，不断寻找新的营销策略和方法；积极进取，面对挑战不畏缩，勇于尝试新事物。

2. 营造积极向上的工作氛围

(1)鼓励开放沟通：建立畅通的沟通渠道，鼓励团队成员自由表达意见和建议；定期召开团队会议，分享工作进展和成果，讨论遇到的问题和解决方案。

(2)营造信任环境：相信并尊重每一位团队成员，给予他们必要的支持和资源；鼓励团队成员之间的互相信任和理解，减少内部矛盾和冲突。

(3)表彰和奖励：定期表彰和奖励表现优秀的团队成员，肯定他们的努力和贡献；通过多种形式的奖励，如奖金、荣誉证书、晋升机会等，激励团队成员积极工作。

(四)药品营销团队资源管理能力提升

为确保资源的有效利用和优化配置，实现营销目标，药品营销团队的资源管理能力要从以下几个方面提升。

1. 预算管理　根据市场分析和营销策略，合理制定营销预算，确保资源的有效分配；定期监控预算执行情况，及时调整和优化资源分配，避免超支或浪费；采用有效的成本控制措施，降低运营成本，提高投资回报率。

2. 物资管理　采用科学的库存管理方法，确保药品和宣传资料的充足供应，避免库存积压或短缺；优化采购流程，选择可靠的供应商，确保物资的及时供应和质量保证。

3. 技术资源管理　引入和使用先进的营销工具和软件，提高营销效率和效果；对团队成员进行技术培训，确保他们能够熟练使用各种营销工具和技术。

4. 客户资源管理　建立和维护良好的客户关系，提升客户满意度和忠诚度；系统化管理客户数据，深度挖掘客户需求，制定针对性的营销策略。

点滴积累

1. 药品营销团队协同发展能提高工作效率，增强创新能力，增强团队凝聚力，改善决策质量。

2. 药品营销团队协同发展的策略主要包括：明确团队目标与愿景，建立信任与沟通机制，制定明确的角色与职责，培养团队协作与合作精神。

3. 药品营销团队协同发展能力提升的途径主要有：提升药品营销团队营销能力，提升药品营销团队职业发展能力，提升药品营销团队文化建设能力，提升药品营销团队资源管理能力。

目标检测

ER 8-2

第八章
药品营销团
队建设和能
力提升
（习题）

1. 简述药品营销团队的构成及各成员的岗位职责。

2. 如何对药品营销团队进行心理能力提升训练?

3. 对药品营销团队如何进行营销能力提升?

（钟兴泉）

综合实训

实训一　小儿感冒药市场营销策略制定

【实训目的】

1. 了解小儿感冒药市场的特性和需求。
2. 设计切合市场需求的营销策略。
3. 提升团队协作和解决实际问题的能力。

【实训内容】

1. 以小组为单位进行市场调研,收集有关小儿感冒药的市场数据,包括消费者行为、竞争对手分析等。
2. 使用事先设计的调查问卷和访谈提纲收集家长对于小儿感冒药的需求和偏好。

【实训要求】

1. 通过角色扮演和模拟市场环境,让学员实际操作并制订营销计划。
2. 分组讨论营销策略的优缺点,并进行反馈。

【实训注意】

1. 充分了解市场环境,避免主观臆测,确保调研数据的真实性和代表性。
2. 在制定营销策略时,兼顾创新与可行性,确保方案能够有效落地。
3. 关注团队沟通与协作效率,确保方案讨论充分,最终形成完整的营销策略。
4. 通过数据分析和市场模拟,及时调整营销计划,以提高市场适应性和竞争力。

【实训检测】

1. 各小组分享实训中的经验和收获,老师和同学点评并打分。
2. 情景模拟和角色扮演 30 分,营销策略制订 50 分,互动讨论 20 分。

实训二　药品消费者情绪识别

【实训目的】

通过模拟药品营销过程中消费者情绪的变化,帮助学生认识到在药品营销中识别消费者情绪的重要性。

【实训内容】

通过小组角色扮演、情景模拟等活动,让学生体验消费者在购买药品时的情绪变化,并探讨这些情绪对购买决策的影响。

【实训要求】

1. 在实训过程中,注意观察、记录并分析消费者心理变化和行为特点。
2. 结合理论知识,对实训中遇到的问题进行深入思考并提出解决方案。
3. 完成实训报告,总结实训收获和体会,提出改进建议。

【实训注意】

1. 在实训过程中,要尊重消费者的隐私权,不得泄露消费者个人信息。
2. 在进行角色扮演和情景模拟时,要保持真实、客观的态度,不得夸大或歪曲事实。
3. 在讨论和分享环节,要积极参与,主动发言,但也要尊重他人意见,不得攻击或贬低他人。
4. 在实训过程中遇到问题时,要及时向教师请教,不得擅自处理或隐瞒问题。

【实训检测】

1. 通过学生在实训过程中的实际操作和表现,评估其实践能力和解决实际问题的能力,能否将所学专业知识灵活运用到实训过程中。
2. 情景模拟 40 分,分享讨论 30 分,实训报告 30 分。

实训三　药品消费者人格特征分析

【实训目的】

1. 学会分析消费者购买药品过程中不同的气质、性格和能力。
2. 能根据不同消费者气质和性格特点开展药品营销。

【实训内容】

1. 以小组为单位,分角色扮演药品营销人员和药品消费者,分析购买药品过程中不同消费者的行为表现,并由行为表现去推断不同消费者的气质类型、性格特点,以及在这个过程中所展现出来的药品购买能力。
2. 研究这种行为和人格特征对药品营销的启示,写一份分析报告。

【实训要求】

1. 应注意客观和全面观察不同消费者购买药品过程中的行为表现。
2. 在进行角色扮演和情景模拟时,做到真实且不弄虚作假。

【实训注意】

1. 分析时应用到本章节所学知识,分析详尽。
2. 对药品营销的启示结合实际,尽量做到举一反三。

【实训检测】

1. 结合报告撰写和课堂表现打分。
2. 分析报告 50 分,角色扮演与情境模拟 30 分,课堂展示与讨论 20 分。

实训四　消费者的购买决策过程调研

【实训目的】

结合药品购买决策过程的各个阶段,帮助医药企业更有效地引导消费者的购买行为和进行药品推广。

【实训内容】

学生自由组合,5 人 1 组,在组长的带领下在医院和药店等进行实地访谈,了解药品所能满足的消费者的需要,在哪些动机上更能触动顾客,在哪些方面更能促进消费者的购买行为,获取一手资料并简要制作成 PPT。

【实训要求】

1. 明确分工,组长负责统筹,确保数据收集、整理、分析和 PPT 制作有序进行。
2. 设计合理的问题,确保访谈能够涵盖消费者的需求、购买动机及影响决策的因素。

【实训注意】

1. 确保访谈对象的多样性,以获得具有代表性的访谈内容。
2. 访谈时注意隐私保护和访谈信息安全。

【实训检测】

1. 每个团队的 PPT 要结合调查内容,理论联系实际,展示时间为 10 分钟。(50 分)
2. 讲解要综合运用目光语、手势、形体语言等技巧。(20 分)
3. 讲解应以消费者为中心,结合企业角度,探讨如何通过优化产品和服务,更精准地满足消费者需求,从而提升消费者体验,实现企业盈利增长。(30 分)

实训五　家庭药品消费调研

【实训目的】

了解不同家庭消费者的用药习惯、偏好、购买渠道、影响购买决策的因素(如价格、品牌、药品功效等),为相关企业和研究人员提供重要的市场洞察,以帮助制定营销策略和改进产品服务。

【实训内容】

1. 分小组进行,在组长的带领下设计调查问卷和访谈提纲。
2. 使用事先设计的调查问卷和访谈提纲在社区、药店等场所分发纸质问卷和进行访谈。
3. 收集不同家庭消费者行为、偏好和需求等数据。

【实训要求】

每个学习小组整理调研结果,撰写报告,提出可行的营销建议和策略,在全班进行交流和研讨。

【实训注意】

1. 使用开放性问题引导讨论,访谈时注意隐私保护和访谈信息安全。
2. 确保样本的多样性,以便调研结果可以反映不同年龄、收入、地域和文化背景的家庭用药行为。

【实训检测】

1. 老师和同学依据调研结果,报告情况为每个学习小组评估打分。
2. 调查设计,数据收集与分析 30 分,报告撰写 50 分,课堂交流和讨论 20 分。

实训六 感冒药购买渠道调研

【实训目的】

通过感冒药购买渠道调研,了解消费者在不同购买渠道选择和使用感冒药时的心理过程,从而为感冒药渠道营销策略和产品改进提供有价值的建议。

【实训内容】

1. 了解消费者通常在哪里购买感冒药(药店、超市、线上平台等),购买的频率和时机。

2. 了解消费者在不同渠道购买药品的动机和原因。

【 实训要求 】

1. 团队成员以 3~6 人为宜,指定一名负责人,并确定明确的分工,确保全面参与市场调研的全过程。

2. 做好调研前期准备,了解感冒药市场现状和主要品牌。

3. 使用事先设计的调查问卷或访谈提纲收集具有代表性的数据。

【 实训注意 】

1. 合理设计问卷和访谈提纲,避免引导性问题和信息偏差,确保调研样本的多样性。

2. 遵循隐私保护政策,确保受访者的信息安全。

【 实训检测 】

1. 数据收集后,撰写报告,总结调研结果,提出针对性的营销策略建议。

2. 各小组分享实训中的经验和收获,老师和同学点评并打分。问卷设计和访谈提纲 30 分,报告撰写 50 分,课堂分享 20 分。

实训七　药品营销人员素质和能力测评训练

【 实训目的 】

通过模拟招聘实训,认识自我,对比药品营销人员应具备的素质和能力,找出自己的不足,并提高个人能力。

【 实训内容 】

任何一家医药企业在进行真实的营销活动之前,应该组织一个高素质、高能力的药品营销团队。在本次实训中,要求学生模拟组建某一医药企业。该企业因新一年业务需要,开展了一次药品营销人员的招聘活动。

【实训要求】

学生自由组合,要求 5 人一组,4 人扮演招聘活动中的人物进行模拟招聘,剩下 1 人作为评论员,在模拟表演结束后,进行总结性评价。角色扮演时,学生可以根据所学习的知识进行自由发挥,创新设计人物特点。

1. 招聘设计环节 企业人事部负责人与营销团队负责人,完成招聘计划。招聘计划应包括招聘人数、专业要求、学历要求、年龄要求、工作经验、工作地点、职业道德素质要求、业务素质要求、身心素质要求、礼仪素养要求、市场分析能力要求、销售能力要求、人际沟通和解决问题能力要求、数字营销和平台使用能力要求,以及其他相关内容。

2. 招聘面试环节 企业人事部负责人与营销团队负责人合作在企业会议室完成面试活动。企业人事部负责人与营销团队负责人根据招聘计划面试两位应聘者,并为应聘者打分。

3. 实训点评环节 招聘面试活动结束后,要求企业人事部负责人、营销团队负责人以及两位应聘者进行总结与交流。扮演评论员的学生对招聘设计环节和面试环节进行点评总结。

【实训注意】

实训活动循环进行,大家互相交换角色完成实训。要求每一位学生必须扮演一次企业人事部负责人、一次营销团队负责人、一次应聘者和一次评论员。

【实训检测】

招聘面试环节的点评标准见实训表 7-1。本标准仅供参考,学生在实训过程中可以结合实际进行调整。

实训表 7-1 招聘面试环节点评标准

项目		评价			改进建议
		优秀 (3分)	合格 (1分)	不合格 (-1分)	
仪表	发型				
	妆容				
	着装				
	饰品				
体态	站、坐、行姿态				
	面部表情				
	就座、离座行为				
	肢体语言的运用				

项目		评价			改进建议
		优秀 (3分)	合格 (1分)	不合格 (-1分)	
素质	自我介绍				
	自我评价				
	业务知识				
	心理素质				
	身体素质				
能力	市场分析能力				
	销售能力				
	沟通能力				
	解决问题的能力				
	数字营销和平台使用能力				
	总分				

实训八　情绪识别与管理训练

【实训目的】

识别基本的情绪,学会正确地识别与表达情绪,提高情绪管理能力。

【实训内容】

第一步:以五人为小组,依照小组顺序,每组五位同学上台体验。

第二步:第一位同学做一个表情,需要表现出强烈的情绪,然后假装用手像撕面具一样"摘掉"表情,把它传给下一位同学。

第三步:第二个同学需要"戴上"这张"面具",尽可能精确地重现表情,换另一幅表情,再把"面具"传递给下一个同学。以此进行到第五位同学。

说明:邀请五位同学上台表现情绪时,其余同学需要完成"情绪面具任务单",如实训表 8-1 所示,在上台的每一位同学表演完之后,在相应的表格里填写自己认为 ta 表现的是哪种情绪。

实训表 8-1　情绪面具任务单

第（　　）组　　班级：　　　　　　　　　姓名：

同学 1	ta 传递的情绪是：	得分：
同学 2	ta 传递的情绪是：	得分：
同学 3	ta 传递的情绪是：	得分：
同学 4	ta 传递的情绪是：	得分：
同学 5	ta 传递的情绪是：	得分：

　　填写完之后，邀请五位同学依次发言，认为上一个同学给自己传递的是哪种情绪面具，再说一说自己向别人传达的是哪种情绪？同时，可以让其他同学对比一下自己理解的情绪和本人所说的是否一致。

【实训要求】

　　上台的五位同学全程不能用语言进行交流。

【实训注意】

　　随着对活动流程的熟悉，可逐渐提高难度，将四种基本的情绪——喜怒哀惧换为复杂情绪，比如蔑视、惊奇等。

【实训检测】

　　1. 检测每组上台表演的同学及其余同学的情绪表达和情绪理解能力并进行打分（满分为 100分），以及分析产生差异的原因。

　　2. 小组探讨在实践中如何提高对情绪的识别、理解和调节能力，从而更好地管理日常生活中的情绪挑战。

参考文献

[1] 汪启荣. 护理心理学基础. 3 版. 北京: 人民卫生出版社, 2018.

[2] 杨艳杰, 曹枫林. 护理心理学. 5 版. 北京: 人民卫生出版社, 2022.

[3] 吴志霞, 缪群芳. 护理心理学. 3 版. 杭州: 浙江大学出版社, 2023.

[4] 加里·阿姆斯特朗, 菲利普·科特勒. 市场营销学. 14 版. 王永贵, 陈晓易, 译. 北京: 中国人民大学出版社, 2023.

[5] 罗子明. 消费者心理学. 3 版. 北京: 清华大学出版社, 2007.

[6] 吴虹. 医药市场营销实用技术. 北京: 中国医药科技出版社, 2008.

[7] 菲利普·津巴多, 罗伯特·约翰逊, 微薇安·麦卡恩. 津巴多普通心理学. 8 版. 傅小兰, 译. 北京: 人民邮电出版社, 2022.

[8] 韦恩·韦登. 心理学导论. 9 版. 高定国, 译. 北京: 机械工业出版社, 2017.

[9] 理查德·格里格, 菲利普·津巴多. 心理学与生活. 19 版. 王垒, 译. 北京: 人民邮电出版社, 2016.

[10] 张黎逸, 曹贵康, 翁粲. 大学生心理健康教育. 北京: 高等教育出版社, 2023.

[11] 丛媛. 药品营销心理学. 3 版. 北京: 人民卫生出版社, 2019.

[12] 单凤儒. 营销心理学. 5 版. 北京: 高等教育出版社, 2023.

[13] 王顺庆. 医药市场营销技术. 2 版. 北京: 人民卫生出版社, 2022.

[14] 叶弈乾. 现代人格心理学. 上海: 华东师范大学出版社, 2021.

[15] 彭聃龄. 普通心理学. 北京: 北京师范大学出版社, 2018.

[16] 李文国, 夏冬. 现代推销技术. 北京: 清华大学出版社, 2010.

[17] 陈晶. 医药消费者行为学. 北京: 清华大学出版社, 2010.

[18] 刘国防, 刘方丹. 营销心理学. 3 版. 北京: 首都经济贸易大学出版社, 2022.

[19] 陈思. 营销心理学. 3 版. 广州: 暨南大学出版社, 2015.

[20] 邓溱薇. 数字营销人才能力模型构建研究. 杭州: 浙江工商大学, 2022.

[21] 李文国. 推销实训. 大连: 东北财经大学出版社, 2008.

[22] 吴建平. 认知: 所谓成长就是认知升级. 北京: 中国友谊出版公司, 2019.

[23] 王轶. 分析市场营销与营销策划的管理创新. 现代经济信息, 2018 (7): 166-167.

[24] 龙璇. 人际关系与沟通技巧. 3 版. 北京: 人民邮电出版社, 2023.

[25] 戴尔·卡耐基. 卡耐基沟通的艺术与处世智慧. 王红星, 译. 北京: 中国华侨出版社, 2012.

[26] 周莉, 刘海娟. 大学生心理健康教育. 3 版. 北京: 中国人民大学出版社, 2020.

[27] 黄希庭, 郑涌. 大学生心理健康教育. 3 版. 上海: 华东师范大学出版社, 2020.

[28] 李崇建, 曹敬唯. 萨提亚深层沟通力. 长沙: 湖南文艺出版社, 2023.

课程标准